Transformación digital y creatividad en Educación Superior: La organización de eventos educativos a través de crowdsourcing gamificado

Carmen Bueno Muñoz / Luis R. Murillo Zamorano /
José Ángel López Sánchez

Transformación digital y creatividad en Educación Superior: La organización de eventos educativos a través de crowdsourcing gamificado

PETER LANG

Bibliographic Information published by the Deutsche Nationalbibliothek

The Deutsche Nationalbibliothek lists this publication in the Deutsche Nationalbibliografie; detailed bibliographic data is available online at http://dnb.d-nb.de.

Cover illustration: © AF-studio/istockphoto.com

ISBN 978-3-631-83463-3 (Print)
E-ISBN 978-3-631-83464-0 (E-PDF)
E-ISBN 978-3-631-83465-7 (EPUB)
E-ISBN 978-3-631-83466-4 (MOBI)
DOI 10.3726/b17555

© Peter Lang GmbH
Internationaler Verlag der Wissenschaften
Berlin 2020
All rights reserved.

Peter Lang – Berlin · Bern · Bruxelles · New York · Oxford · Warszawa · Wien

This publication has been peer reviewed.

www.peterlang.com

Resumen: Este libro se encuadra en el ámbito de la transformación digital y la creatividad en Educación Superior, profundizando en el *crowdsourcing* gamificado y exponiendo cómo este enfoque innovador puede servir de herramienta para la creación de eventos educativos que potencien la creatividad de las nuevas generaciones de estudiantes en el contexto universitario. Sus objetivos son revisar la literatura referente a ambos conceptos, *crowdsourcing* y gamificación, exponer una propuesta de cómo pueden ser adaptados a la organización de eventos educativos y presentar un caso real de éxito desarrollado a través de esta metodología en Educación Superior.

Palabras clave: organización de eventos, *crowdsourcing*, gamificación, educación superior, sociedad digital

Tabla de contenido

Capítulo 1 Introducción

El siglo XXI se caracteriza por la disrupción de la tecnología digital y los cambios que esta ha ocasionado. Apenas existen sectores que no se hayan visto afectados por ella. La sociedad actual se encuentra inmersa en la transformación digital, tratando de mejorar a través de las tecnologías de la información, la informática, la comunicación y la conectividad (Vial, 2019). Ante estos cambios, la Educación Superior no es una excepción. A pesar de la existencia de barreras a la digitalización en estas instituciones, como la reticencia por parte de algunos docentes y la escasez de infraestructuras (Bond et al., 2018; Tulinayo et al., 2018), este proceso es imparable. Las nuevas generaciones de estudiantes están formadas por nativos digitales, quienes se han acostumbrado al uso de herramientas digitales en los anteriores niveles educativos (Expósito et al., 2020). Y resulta razonable que esto continúe durante su etapa universitaria.

Este fenómeno ha propiciado que surjan nuevas formas de enseñanza que potencian la creatividad de los alumnos. Las tecnologías de la información y la comunicación ponen a disposición de los docentes nuevas herramientas como contenido remoto, vídeos, simuladores o redes sociales para desarrollar nuevos métodos que les motiven (Sousa et al., 2019). Su empleo en el aula se encuentra vinculado a una mejora en la experiencia de aprendizaje. Los estudios las relacionan con un aumento del compromiso por parte de los estudiantes y una mejora en los resultados académicos (Campbell et al., 2019; Crompton y Burke, 2018; Kyaw et al., 2019). Esto se debe a la flexibilidad, accesibilidad y su capacidad para eliminar las barreras espaciales y temporales que caracterizan a la tecnología digital (Shen y Ho, 2020). Gracias a ella, se puede adaptar la enseñanza al ritmo y necesidades de cada alumno (Castro, 2019).

La promoción de la creatividad de las nuevas generaciones de estudiantes representa una de las prioridades en materia de educación a nivel global (Jules y Sundberg, 2018). Esta habilidad resulta fundamental para lograr el desempeño en entornos complejos y cambiantes ya que el pensamiento creativo se encuentra vinculado a la resolución de problemas y la elaboración de soluciones originales (Higdon, 2018). La sociedad actual necesita personal capacitado para llevar a cabo esta tarea, representando un reto para la Educación Superior (Mora et al., 2020). Para promover su creatividad se han de desarrollar experiencias de aprendizaje estimulantes y enfocadas en el alumno. Por ello, se deben buscar nuevas formas de potenciar el talento de los estudiantes para facilitar su futura inserción laboral.

El mercado de trabajo es cada vez más exigente y demanda profesionales preparados y creativos, con habilidades para desenvolverse en el entorno de las nuevas tecnologías y en la resolución de problemas (Keinänen y Kairisto-Mertanen, 2019; Oberländer et al., 2020). La Educación Superior debe garantizar que las nuevas generaciones de estudiantes posean una base de conocimiento adecuada y la creatividad necesaria para poder adaptarse a los cambios continuos que provoca la digitalización en el ámbito laboral (Hämäläinen et al., 2019; Stolaki y Economides, 2018). Por ello, se han de incluir herramientas que faciliten la consecución de estas competencias y los preparen para afrontar los futuros desafíos.

Ahora bien, el desarrollo de la tecnología y las formas de emplearla se encuentran en un avance constante. En el ámbito de la Educación Superior continúan surgiendo nuevas metodologías basadas en la digitalización. Algunas de ellas son innovadoras y otras aprovechan aplicaciones propias de otros sectores. Un ejemplo de ello es el *crowdsourcing*. Esta actividad, que nació en el seno de la empresa, se ideó como alternativa para llevar a cabo tareas que tradicionalmente se desarrollaban de manera interna (Howe, 2006). A través del *crowdsourcing*, se solicita a la multitud que sea ella quien la realice de forma voluntaria. Para ello, se lanzan convocatorias abiertas en Internet.

Dadas las numerosas ventajas que ofrece el *crowdsourcing*, su aplicación ha traspasado el ámbito empresarial, extendiéndose a otras actividades relevantes para la sociedad como la sanidad, la educación, la gestión de catástrofes o la ordenación urbana (Fernández-Caramés et al., 2019; Harrison y Johnson, 2019; Liao et al., 2019; Zhou et al., 2018). En concreto, en la Educación Superior es utilizado como herramienta para la creación de contenido colaborativo entre estudiantes, como posibles preguntas de examen (Tackett et al., 2018) o *microcourses* para otros estudiantes (Zahirović Suhonjić et al., 2019) y para proporcionar *feedback* en cursos en línea (Filimowicz y Tzankova, 2017).

Pero estos usos no forman una lista cerrada, sino que existen más posibles aplicaciones del *crowdsourcing* en este ámbito. Una innovadora alternativa, y sobre la que versa este libro, es la organización de eventos educativos orientados a potenciar la creatividad y dar visibilidad al talento de las nuevas generaciones de estudiantes. El *crowdsourcing* puede ser entendido como una oportunidad para contactar con la comunidad universitaria y crear eventos que favorezcan la interacción entre sus miembros y den visibilidad a su talento. Gracias al alcance de Internet, del cual se sirven estas actividades, se puede llegar a un mayor volumen de público que de manera tradicional (Wazny, 2018). Ahora bien, para que estos eventos resulten exitosos, no solo deben atraer a la comunidad, sino que también deben lograr que participen en ellos. Las plataformas de *crowdsourcing* representan un espacio en el que, a través de la colaboración, se pueden generar innovaciones. Pero para ello deben existir participantes que propongan ideas y liberen su creatividad. Y para que esto suceda, se ha de ofrecer algo a cambio que les motive a intervenir (O'Leary, 2019).

Una técnica muy empleada en educación relacionada con la motivación es la gamificación (Kasurinen y Knutas, 2018; Xi y Hamari, 2019). Esta se basa en el uso de elementos propios del juego para lograr un determinado comportamiento de los usuarios. En el ámbito de la Educación Superior es cada vez más usual emplearla para motivar a los alumnos y lograr su compromiso, existiendo distintos estudios que señalan su efectividad para ello (p. ej. Huang y Hew, 2018; Rojas-López et al., 2019). Por tanto, resulta razonable incluir diseños gamificados en los eventos desarrollados a través de *crowdsourcing* en el ámbito universitario, dando lugar a sistemas de *crowdsourcing* gamificado. Esta técnica puede fomentar que los estudiantes y el resto de la comunidad participen en ellos, lo cual resulta clave para que se desarrollen de manera adecuada. Ya existen iniciativas de *crowdsourcing* gamificado exitosas en otros ámbitos (p. ej. Komninos, 2019; Pacauskas et al., 2018). Sin embargo, y a pesar de su potencial, su uso aún no se ha extendido en la Educación Superior. Esto se puede deber al poco conocimiento que se tiene acerca de estos sistemas.

Por todo lo anterior, se ha elaborado este libro para profundizar en el conocimiento que se tiene acerca del *crowdsourcing* gamificado, exponiendo cómo puede servir de herramienta para la creación de eventos educativos que potencien la creatividad de las nuevas generaciones de estudiantes en el contexto universitario. Sus objetivos son revisar la literatura referente a ambos conceptos, *crowdsourcing* y gamificación, para exponer una propuesta de cómo pueden ser adaptados a la organización de eventos en este ámbito y aplicarla a un caso concreto desarrollado a través de esta metodología en Educación Superior.

El presente libro se divide en seis capítulos. Tras esta introducción, el segundo capítulo se dedica al *crowdsourcing*. A partir de una revisión de la literatura, se describen qué elementos integran estas iniciativas y cómo tiene lugar su desarrollo. Además, se examinan distintos aspectos relacionados con la participación en ellas y de algunos mecanismos de control que se pueden emplear para que culminen con éxito. El tercer capítulo se centra en la gamificación. De igual manera, se exponen cuáles son sus elementos y qué agentes participan en las experiencias gamificadas. También se examina cómo se diseñan y los efectos que producen sobre la motivación de los usuarios.

Tras analizar los dos conceptos, el cuarto capítulo se enfoca en la unión de ambos: los sistemas de *crowdsourcing* gamificado. En primer lugar, se expone cómo son los diseños gamificados que se emplean en el *crowdsourcing* de manera general. Tras ello, se explica cómo se pueden adaptar estos sistemas para organizar eventos que promuevan la creatividad y den visibilidad al talento de los alumnos en el contexto de la Educación Superior. A través de esta propuesta se pretende aclarar cómo funcionan estas actividades y qué papel ejerce cada elemento que interviene en estos proyectos, destacando los beneficios que se obtienen al emplear el *crowdsourcing* gamificado. En el quinto capítulo se describe bajo la óptica propuesta un caso práctico real: #ECOTUBEX2018.

Se trata del primer certamen de creación de contenidos en YouTube de Economía y Empresa en el contexto universitario. El diseño de #ECOTU-BEX2018 sigue un esquema de *crowdsourcing* gamificado, lo cual contribuyó al éxito de este evento educativo y a lograr sus objetivos: promover la creatividad de las nuevas generaciones de estudiantes interesados en Economía y Empresa dando visibilidad a su talento y favorecer el uso de las nuevas tecnologías. Y, con ello, facilitar la adquisición de competencias y destrezas digitales claves para su empleabilidad y desarrollo personal. La descripción de este caso sirve de ejemplo e inspiración para la organización de futuros eventos educativos basados en esta metodología. Por último, el sexto capítulo concluye con unas reflexiones finales acerca de la utilidad del *crowdsourcing* gamificado en este contexto.

Capítulo 2 *Crowdsourcing*

2.1 Introducción

Desde la creación del concepto *crowdsourcing* en el año 2006 por el periodista Jeff Howe (Howe, 2006), numerosos autores han propuesto sus propias definiciones de este término. Por ejemplo, Brabham (2008, p. 79) afirma que el *crowdsourcing* es "un modelo estratégico para atraer a una multitud de personas motivadas e interesadas, capaces de aportar soluciones con una cantidad y calidad superior a las que pueden crear las formas tradicionales de negocio". En cambio, Kietzmann (2017, p. 152) afirma que es "el uso de la tecnología de la información para externalizar una función propia de la organización a un conjunto definido de actores tanto humanos como no humanos bajo la forma de una convocatoria abierta".

Esta ausencia de consenso respecto a su definición dificulta delimitar en qué ocasiones se está llevando a cabo. Sin embargo, existen algunas características que, de manera general, se asumen que se encuentran asociadas a este concepto. La primera de ellas hace referencia a sus objetivos. Con independencia de su fin último, estas actividades se diseñan para atraer a la multitud alrededor de un determinado proyecto y lograr que participe en él (Ren et al., 2019). La segunda característica es que tiene lugar a través de Internet (Ghezzi et al., 2018). Este medio sirve como canal para contactar con la multitud, comunicar acerca del proyecto y recibir las aportaciones de aquellos que decidan participar. Algunas de las ventajas que se desprenden de emplear Internet en el *crowdsourcing* son el incremento de su alcance y de la rapidez para llevar a cabo estas acciones (Wazny, 2018).

Por tanto, y a partir de estas dos características, el *crowdsourcing* puede ser definido como una actividad que permite a la entidad que la crea lanzar proyectos a través de Internet para contactar con la multitud y obtener algo de ella. Una de las múltiples opciones que se pueden derivar de esta definición general es aquella en la que el proyecto de *crowdsourcing* tiene forma de evento y es convocado en el contexto de la Educación Superior. De esta manera, se aprovechan las ventajas que ofrecen estas actividades, como la posibilidad de contactar con personas de cualquier lugar y agilizar el tiempo necesario para ello (Mansor et al., 2018).

A continuación, se examinan a partir de una revisión de la literatura distintos aspectos relacionados con el *crowdsourcing* que resultan relevantes para organizar eventos en el ámbito universitario. En concreto, se analiza qué elementos han de estar presentes en una iniciativa de *crowdsourcing* y qué fases componen el proceso que sigue esta actividad. Además, se detallan algunos aspectos relacionados con la participación y con el control de su calidad.

2.2 Elementos

Hoy en día, a través del término *crowdsourcing* se denomina un vasto conjunto de actividades con características muy dispares, lo cual supone un desafío a la hora de delimitar en qué ocasiones se está llevando a cabo (Modaresnezhad et al., 2020; Morschheuser y Hamari, 2019). Sin embargo, diversos autores (p. ej. Hosseini et al., 2015; Jiang et al., 2018) coinciden en que todas ellas comparten cuatro elementos clave, cuya presencia resulta esencial para que este tipo de actividad pueda ser desarrollada. Estos son el convocante, la multitud, la tarea y la plataforma. En este epígrafe se examina cada uno de ellos de manera detallada.

El convocante es, de manera general, aquella entidad, persona individual, organización sin ánimo de lucro o empresa que crea una iniciativa de *crowdsourcing* con el objetivo de resolver un problema (Ghezzi et al., 2018; Hosseini et al., 2019). Para ello, recurre al lanzamiento de una convocatoria abierta a través de Internet, desconociendo quién contribuirá en ella (à Campo et al., 2019). Esta actividad le permite obtener recursos de la multitud, como información, ideas para nuevos diseños, su opinión acerca de determinados temas o financiación, entre otros (Toledo y León, 2019). Aplicado a la organización de eventos en Educación Superior, el convocante es aquella institución o sujeto que, dentro de este ámbito, decide servirse de esta metodología para desarrollarlo.

Sobre el convocante recae la responsabilidad de elaborar el *brief* del proyecto, en el cual se delimitan los términos en los que se llevará a cabo la actividad. Entre ellos figuran la descripción de la tarea que han de realizar los participantes, los criterios que se emplearán para comprobar su validez y el plazo de envío y, los requisitos que han de cumplir en las contribuciones, entre otros (Niu et al., 2019). Además, debe mantener un comportamiento ético hacia la multitud y asegurar que su participación en la actividad no va a causarles perjuicios. Para ello, debe poner en práctica una política de privacidad que no comprometa a los participantes (Hosseini et al., 2015). La literatura ha dedicado especial atención a este asunto en los últimos años. Existe una creciente preocupación por la necesidad de analizar cómo llevar a cabo estas actividades de manera ética y proteger los derechos de los sujetos que participan en ella (Alqahtani et al., 2017). De manera posterior se examinan en mayor profundidad los principales aspectos referidos a las políticas de privacidad y el marco legal dentro del *crowdsourcing*.

En lo referente a la multitud, está formada por un grupo indefinido de individuos que deciden participar en la iniciativa de *crowdsourcing* y son quienes ayudan a resolver el problema planteado por el convocante a través de la realización de una determinada tarea (Aitamurto, 2016; Hosseini et al., 2019). Para ello, ejercen de diseñadores, examinadores y colaboradores, entre otros (Kohler y Nickel, 2017). Es decir, la multitud es aquella población a la que se dirige el evento.

Cabe señalar que el *crowdsourcing* era concebido en sus orígenes como una actividad que permitía la participación de cualquier individuo (Howe, 2006). Con ello se perseguía atraer a una multitud diversa. Esto es, formada por individuos de distinto género, edad, experiencia y localización (Hosseini et al., 2015). Lo cual facilita la obtención de distintos puntos de vista (Brunswicker et al., 2017). Sin embargo, el paso del tiempo ha desencadenado una evolución del concepto y de la forma en la que se lleva a cabo, apareciendo nuevas modalidades de *crowdsourcing*. Entre ellas, destacan aquellas iniciativas que restringen la participación a determinados grupos de la población (Kietzmann, 2017). Aunque supone una pérdida de soluciones potenciales, mejora la eficiencia de los proyectos ya que la calidad media de las contribuciones es mayor (Acar, 2019).

Un ejemplo de esta práctica es el *crowdsourcing* interno. En él, la convocatoria se dirige a los propios empleados de la compañía que crea la actividad (Malhotra et al., 2017). A pesar de la menor diversidad dentro de la multitud debido a la restricción de la participación tan solo a los trabajadores, resulta útil en el ámbito de la búsqueda de la innovación. Los participantes conocen la estructura y los recursos que posee la organización. En consecuencia, sus aportaciones son más realistas respecto a la capacidad de la empresa y, por tanto, sus propuestas resultan más sencillas de implantar

(Malhotra et al., 2017). Este mismo planteamiento puede ser aplicado si el evento creado tan solo se dirige a los miembros de la comunidad universitaria o al alumnado. En tal caso, se restringe la participación y este grupo de individuos accede en exclusiva a la convocatoria. Esta modalidad resulta útil en ocasiones, aunque cabe señalar que las convocatorias de *crowdsourcing* abiertas también representan una potente herramienta para la difusión del conocimiento entre la población ajena a la Educación Superior.

Otros rasgos que definen a la multitud en el *crowdsourcing* son su anonimato respecto al convocante y su autoselección para participar en el proceso (Flostrand, 2017). En cuanto a su tamaño, el volumen de participantes debe ser suficiente para que sea posible llevar a cabo la tarea pero sin que su dimensión suponga un obstáculo ni entorpezca el proceso al ser demasiado grande. En otras palabras, debe participar un número elevado de personas pero no excesivo, para no ocasionar dificultades (Hosseini et al., 2015). En todo caso, debe estar integrada por individuos capaces y motivados para que la iniciativa culmine de manera exitosa (Bal et al., 2017). Y, dado que la participación es voluntaria, resulta necesario que el convocante ofrezca algún incentivo a cambio (Estellés y González, 2012). De manera posterior se examina en mayor detalle los mecanismos de motivación empleados en el *crowdsourcing* y cómo influyen en la multitud.

Por otra parte, en el *crowdsourcing*, el término tarea (*crowdsourced task*) se emplea para denominar a aquella que en lugar de ser llevada a cabo dentro de la empresa o ser realizada por una empresa externa, es encomendada a la multitud (Estellés y González, 2012). De manera general, la tarea puede consistir en producir, procesar o evaluar recursos, así como en idear soluciones creativas (Neto y Santos, 2018). La elección de una u otra varía en función de la finalidad de la iniciativa. En otras palabras, su naturaleza depende del tipo de problema planteado por el convocante (Rowledge, 2019). Si su finalidad es recopilar algún tipo de información, la labor consistirá en enviar imágenes o contestar preguntas, entre otros. Por el contrario, si desea resolver un problema técnico, los participantes deberán proponer ideas que lo solucionen de manera objetiva. En el caso del *crowdfunding*, uno de los tipos de *crowdsourcing* más populares, la tarea consiste en contribuir con pequeñas cantidades monetarias (Da Cruz, 2018). Gracias a la suma de todas ellas, el convocante consigue resolver su problema: conseguir una determinada cantidad económica y generalmente elevada. Es decir, existen numerosas alternativas acerca de qué tarea se puede solicitar realizar a los participantes del evento. Desde tareas que fomenten la creatividad de los estudiantes, hasta pequeñas labores que entrañen poco esfuerzo imaginativo, pero desarrollen otro tipo de habilidades en el entorno digital.

Al igual que la multitud, la tarea también posee ciertas características que la definen. Algunas de ellas son su valor, entendido como la recompensa que recibirá a cambio el participante, su dificultad o nivel de complejidad, las habilidades y el esfuerzo que requiere para ser llevada a cabo, y la fecha límite para realizarla (Cui et al., 2017). Los académicos prestan especial interés al análisis de la complejidad que entraña la tarea en los distintos escenarios en los que se puede llevar a cabo el *crowdsourcing*, representando la característica más estudiada (Pee et al., 2018). De manera general, y atendiendo a este rasgo, las tareas se clasifican en *microtasks* y *macrotasks*. Las primeras son consecuencia de la descomposición de las segundas en subtareas independientes, sencillas y rutinarias (Bu et al., 2018; Niu et al, 2019). Hay que señalar que el producto que da como resultado la conclusión de la tarea por parte de un individuo se conoce como contribución o aportación (Yuksel et al., 2019).

Por último, la plataforma es el lugar donde tiene lugar la actividad de *crowdsourcing*. En los inicios de este fenómeno, solía ser un sitio web (Prpić et al., 2015; Poblet et al., 2018). Pero el *crowdsourcing*, al igual que la enseñanza, se adapta para aprovechar las ventajas del constante avance tecnológico. Gracias a la aparición de los dispositivos móviles con acceso a Internet, la enseñanza electrónica (*e-learning*) ha evolucionado hacia el aprendizaje electrónico móvil (*m-learning*) y el aprendizaje ubicuo (*u-learning*) (Souabni et al., 2019). De manera paralela han surgido nuevas categorías de *crowdsourcing* como el *mobile* y el *wearable crowdsourcing*, entre otros. En estas modalidades, la actividad se desarrolla a través de aplicaciones disponibles en aparatos electrónicos inteligentes, como teléfonos móviles o relojes (Morschheuser et al., 2019). Además, la posibilidad de adjuntar la ubicación que brindan estos dispositivos ha provocado que se origine el denominado *spatial crowdsourcing*, en el cual se requiere a los participantes que lleven a cabo la tarea en una localización específica (Wu et al, 2018).

Tanto el convocante como la multitud realizan distintas acciones dentro de la plataforma de *crowdsourcing*. Por ejemplo, el primero la emplea para comunicar a los participantes qué tarea deben realizar, qué incentivos ofrece a cambio y cuál es el plazo para ejecutarla. Los participantes envían sus contribuciones a través de ella y pueden solicitar ayuda. De manera general, existen dos tipos de plataformas de *crowdsourcing*: abiertas (*open platforms*) y privadas (*proprietary platforms*) (Schenk et al., 2019). Estas últimas son propiedad del convocante. Se crean de manera exclusiva para una determinada iniciativa y no permiten el acceso a más organizaciones. Las abiertas, en cambio, son propiedad de un tercer agente. Este intermediario se encarga de su creación, mantenimiento y gestión. Ofrecen sus servicios a todos aquellos que quieran desarrollar una convocatoria. Este tipo de plataformas representa un nuevo modelo de negocio basado en el *crowdsourcing* (Wirtz y Daiser, 2018). Los convocantes que deseen llevar a cabo su actividad a través de ellas deben pagar por este servicio. A cambio, los intermediarios ponen a su disposición los medios necesarios para que se pueda desarrollar. De esta manera, varios convocantes emplean la misma plataforma de manera simultánea. La diferencia entre ambas se encuentra representada en la figura 1 (p. 18).

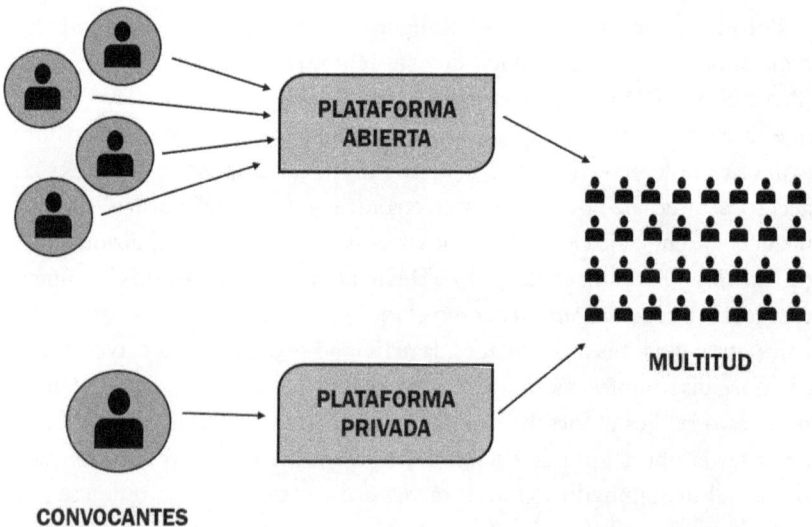

Figura 1: Plataformas de *crowdsourcing* abiertas y privadas. Fuente. Elaboración propia a partir de Schenk et al. (2019).

A la hora de plantear una actividad de *crowdsourcing*, el convocante debe decidir cuál de ellas emplear. Schenk et al. (2019) señalan algunos factores que determinan cuál es más apropiada. Las plataformas abiertas resultan adecuadas si se desea lanzar una iniciativa de manera ocasional o si los recursos disponibles son limitados, entre otros. La segunda, por el contrario, se adapta mejor a aquellos casos donde el convocante persigue crear un vínculo con la multitud y que la participación perdure a lo largo del tiempo.

2.3 Proceso

Tras haber examinado los elementos esenciales del *crowdsourcing*, este epígrafe se centra en el funcionamiento de estos proyectos, entendido como un proceso formado por un conjunto de fases sucesivas. A pesar de que la estructura de cada iniciativa de *crowdsourcing* es única (Neto y Santos, 2018), existe un esquema básico común a todas ellas. El encargado de iniciar el proceso es el convocante, quien debe identificar y definir el problema que se va a resolver (Ikediego et al., 2018). Tras ello, debe valorar si lanzar una iniciativa de *crowdsourcing* es la mejor manera de lograrlo. Thuan et al. (2016) proponen un marco teórico para facilitar esta toma de decisión. Estos autores señalan cuatro factores que determinan *a priori* la viabilidad de crear este tipo de actividad: la tarea, el capital humano, la gestión y el entorno. Las características decisivas de cada uno de ellos se exponen en la tabla 1.

Por ejemplo, si la ejecución de la tarea requiere el manejo de información confidencial, resulta más complicado crear una iniciativa de *crowdsourcing*. En este supuesto, se debe idear una solución que permita encomendar la labor a la multitud sin hacer pública esta información de carácter reservado. Otro condicionante relacionado con este factor es el nivel de dificultad para poder integrarla dentro de los procesos que se realizan actualmente dentro de la organización. Si llevar a cabo este paso resulta complejo, crear una convocatoria de *crowdsourcing* puede no ser lo más adecuado. En cambio, poseer experiencia previa en el *crowdsourcing* facilita que se desarrolle una nueva actividad de este tipo. Cabe señalar que este marco conceptual tan solo señala los aspectos más relevantes que debe valorar una organización que se plantea convocar una iniciativa de *crowdsourcing*. Esto no implica que todos ellos deban ser favorables para que la convocatoria logre el éxito.

Tabla 1: Marco teórico para considerar si se crea una actividad de *crowdsourcing*

TAREA	Presencial o virtual
	Grado de dificultad para integrarse con los procesos actuales
	Interactiva o independiente
	Grado de dificultad para definirla
	Necesidad de información confidencial para realizarla
	Capacidad para ser dividida en tareas más sencillas
CAPITAL HUMANO	Disponibilidad de una multitud que realice la tarea
	Volumen de empleados que realicen la tarea
GESTIÓN	Cuantía de su presupuesto
	Disponibilidad de expertos en *crowdsourcing* o experiencia previa en estas actividades
	Nivel de riesgo aceptable
	Grado de compromiso interno
ENTORNO	Plataforma interna que debe crearse o plataforma externa disponible

Fuente. Thuan et al. (2016).

Esta toma de decisión representa el primer paso del modelo BCP (*Business Process Crowdsourcing*) propuesto por Thuan et al. (2017). Este describe el proceso previo al lanzamiento de una convocatoria. Los pasos posteriores hacen referencia al diseño de la iniciativa y a su configuración. La fase de diseño comprende, a su vez, un conjunto de subpasos, los cuales son:

- Diseñar la tarea: se ha de especificar aspectos como su complejidad, duración y si son necesarias ciertas habilidades para poder llevarla a cabo, entre otros. Para asegurar que la multitud comprende la descripción de la tarea, Blohm et al. (2018) recomiendan comprobarlo a través de un test previo con un pequeño grupo de voluntarios. En caso de que existan dudas, se puede modificar antes de que sea lanzada la convocatoria.
- Diseñar el proceso: en este paso se debe decidir si la tarea se divide en otras más sencillas, denominadas *microtasks*. Esto resulta especialmente útil cuando la tarea que se va a encomendar a la multitud entraña un gran nivel de dificultad. En esos casos, su gran complejidad puede

desincentivar la participación. Mediante la creación de *microtasks* se persigue sortear ese obstáculo. Ahora bien, dividir la labor implica que las contribuciones deban ser agregadas de manera posterior para obtener la solución al problema del convocante. Por ello, en este paso también se ha de especificar cómo se agregarán estos fragmentos.

- Gestión de la multitud: en ocasiones, la convocatoria no es abierta y se restringe la participación a determinados participantes. Esto se debe a que se puede aumentar la eficiencia de estas actividades al asignar las tareas más adecuadas a cada individuo en función de su perfil o sus capacidades. En este paso se debe determinar si se opta por algún tipo de mecanismo para la asignación de tareas y cómo se ejecutará.

- Control de calidad: su introducción resulta esencial para garantizar que se consiga la calidad deseada. En este momento se decide cuáles se van a implementar y en qué fases del proceso.

- Mecanismos de incentivos: por último, se establecen los incentivos que se van a ofrecer a la multitud a cambio de sus aportaciones. Esto resulta clave para lograr que los individuos participen en la iniciativa.

Tras la fase de diseño, se lleva a cabo la configuración de la plataforma en la que tendrá lugar la actividad de *crowdsourcing*. Este es un proceso técnico que requiere conocimientos en el campo de la informática para realizarse. Por este motivo, Thuan et al. (2017) no profundizan en él. Sin embargo, cabe señalar que un convocante no siempre tiene que crear una plataforma para lanzar la actividad. Existe la posibilidad de acudir a una plataforma abierta, cuya propiedad y gestión es de un tercer agente (Schenk et al., 2019). Por ello, este último paso debería incluir la toma de decisión de emplear una plataforma abierta o privada. Para ello, el convocante debe valorar las ventajas e inconvenientes asociados a cada una de ellas y optar por la que mejor se adapte a sus necesidades.

En caso de recurrir a intermediarios para el lanzamiento de la convocatoria, la responsabilidad de algunos pasos de los nombrados por Thuan et al. (2017) puede ser transferida a ellos. A modo de ejemplo, descomponer la tarea en *microtasks* puede ser competencia del convocante o de los encargados de la plataforma abierta donde se desarrolla la actividad (Jiang et al, 2018). Por el contrario, el convocante puede decidir crear su propia plataforma de *crowdsourcing*. Blohm et al. (2018) recomiendan seguir las siguientes pautas para facilitar que sea creada con éxito:

1. Definir los objetivos y el sistema básico de funcionamiento de la plataforma que permita a la multitud realizar la tarea y, en caso necesario, agregar sus contribuciones de manera posterior.

2. Comenzar con pequeñas iniciativas para ganar experiencia. Realizar pruebas mediante proyectos pilotos reduce el riesgo de que futuras convocatorias fracasen.

3. Aumentar gradualmente el número de convocatorias que alberga la plataforma, así como el volumen de participantes que pueden acceder a ella. Este incremento de agentes implica crear nuevos mecanismos de gobierno de la plataforma, como la estandarización de procesos y la autoorganización, que faciliten el desarrollo de varias iniciativas de *crowdsourcing* de manera simultánea.

4. Realizar controles periódicos y, si es preciso, tomar medidas correctoras. Para conocer la situación de la plataforma, se pueden idear indicadores que determinen su rendimiento.

Tras la finalización del diseño y la configuración de la iniciativa comienza la ejecución de la actividad de *crowdsourcing* (Jespersen, 2018). Esta fase consiste en la ejecución de la tarea y el envío de las contribuciones por parte de los participantes (Jiang et al., 2018). Debido a las numerosas particularidades que puede presentar una iniciativa de *crowdsourcing*, el desarrollo de esta parte del proceso varía en función de cada proyecto.

Geiger y Schader (2014) señalan que estas actividades pueden solicitar que las aportaciones sean homogéneas o heterogéneas. Es decir, si se deben ceñir a un determinado formato o no. Asimismo, añaden que el valor obtenido a través de ellas puede ser o no emergente, lo cual depende de si la solución se alcanza mediante su agregación. A partir de estas dos dimensiones, estos autores distinguen las cuatro categorías de *crowdsourcing* representadas en la figura 2.

- *Crowd processing*: se recurre a la multitud para procesar recursos a mayor velocidad que de manera tradicional. Para ello, los participantes deben realizar tareas sencillas. Además, las aportaciones de dos individuos para una misma tarea han de ser cualitativamente iguales si son válidas.

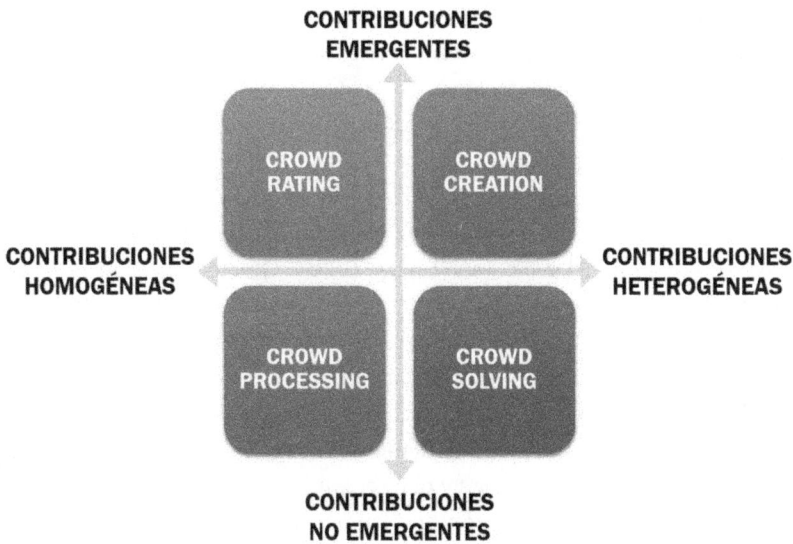

Figura 2: Categorías de *crowdsourcing* según Geiger y Schader (2014). Fuente. Elaboración propia a partir de Geiger y Schader (2014).

- *Crowd rating*: las contribuciones de los participantes representan votos u opiniones. La solución se obtiene gracias a la suma de una gran cantidad de aportaciones y muestra cuál es la opinión colectiva respecto a un determinado asunto. Cuanto mayor sea la diversidad de la multitud, más representativo será el resultado.
- *Crowd solving*: estas iniciativas son empleadas para resolver problemas técnicos complejos o para recopilar ideas. En este caso, las contribuciones representan soluciones alternativas a un mismo problema. Por tanto, presentan diferencias cualitativas entre ellas.
- *Crowd creation*: busca recopilar aportaciones heterogéneas para agregarlas. De esta manera, todas ellas forman el resultado de la actividad. Este tipo de iniciativas se fundamenta en las diferencias entre participantes. Gracias a ello, obtiene contribuciones complementarias que consiguen construir la solución al problema.

Cabe señalar que estas cuatro categorías reflejan arquetipos y que, en la práctica, las iniciativas de *crowdsourcing* suelen mostrar características propias de varias de ellas (Geiger y Schader, 2014).

Una forma usual bajo la que se desarrolla el *crowdsourcing* es la de concurso. En este caso particular, el convocante publica en la plataforma qué solicita, la fecha límite para el envío de propuestas y la recompensa que ofrece a cambio, habitualmente monetaria. Al final de la convocatoria, escoge al ganador del concurso (Segev, 2020). Otra posibilidad es la del *crowdwork*. En esta modalidad, la plataforma ejerce como un mercado que media entre las entidades convocantes y la multitud. De manera general, se propone la realización de *microtasks* a cambio de una pequeña remuneración (Howcroft y Bergvall-Kåreborn, 2019). Por otra parte, el convocante también puede servirse de comunidades colaborativas. Estas se basan en la interacción entre sus usuarios y el intercambio de conocimiento. Se crea valor a través de la acumulación de recursos aportados por sus integrantes. Para que sea sostenible a lo largo del tiempo, se debe facilitar que los usuarios se sientan parte de la comunidad y apoyen la causa a la que está dedicada (Kohler y Chesbrough, 2019).

Ahora bien, participar implica un esfuerzo para los usuarios. Deben evaluar si participar en ella, investigar al respecto, elaborar su contribución y enviarla a través de la plataforma (Pollok et al., 2019). Jiang et al. (2018) acusan la ausencia de estudios acerca del proceso de ejecución de la tarea y señalan dos alternativas que pueden ser adoptadas en el caso de tareas complejas: como una sucesión ordenada de pequeños trabajos o como un gran proyecto realizado en equipo.

Respecto a la interacción entre usuarios, Renard y Davis (2019) señalan que, en el *crowdsourcing*, los participantes pueden cooperar, competir o coopetir. En el primer caso, la actividad se basa en la colaboración y las metas compartidas. En el segundo, se establecen premios tan solo para los individuos con mejor rendimiento, representando la manera más usual de participar en los concursos. La coopetición, por su parte, se obtiene de la combinación de ambas. Para ello, se crea interdependencia dentro de un entorno competitivo. Los logros se consiguen a través del apoyo de la multitud, logrando que la participación tenga lugar tanto de manera individual como colectiva. De esta manera, se crea una atmósfera de intercambio y evaluación entre los miembros.

En lo referente al papel de la plataforma durante el desarrollo de la actividad, esta actúa como nexo entre el convocante y la multitud (Sari et al., 2019). A grandes rasgos, el papel que ejerce en esta fase es el siguiente. En primer lugar, el convocante la emplea como medio de comunicación para anunciar la convocatoria (Howcroft y Bergvall-Kåreborn, 2019). Los individuos interesados en participar acceden a ella y, si así lo requieren las bases, se registran y certifican sus habilidades (Boons y Stam, 2019). La plataforma también es la encargada de albergar las contribuciones y, en algunos casos, de agregarlas y procesarlas (Jiang et al., 2018). Por último, brinda al convocante el resultado. En caso de que el *crowdsourcing* haya tenido lugar con éxito, este representa la solución al problema inicial (Hosseini et al., 2019). La figura 3 muestra el esquema de estas relaciones entre los distintos elementos del *crowdsourcing*.

El tipo de procesamiento que reciben las contribuciones depende de su naturaleza. En concreto, de si son homogéneas o heterogéneas (Geiger y Schader, 2014). En el caso de las homogéneas, se realiza de forma cuantitativa. Las heterogéneas, por el contrario, son tratadas cualitativamente de manera individual. Para ello se tienen en cuenta tanto criterios objetivos —como su capacidad para resolver el problema— como subjetivos —como su estética (Geiger y Schader, 2014)—. Este último es el caso de aquellas iniciativas de *crowdsourcing* que requieren la aportación de ideas por parte de los participantes. En este contexto, la selección de la idea ganadora puede

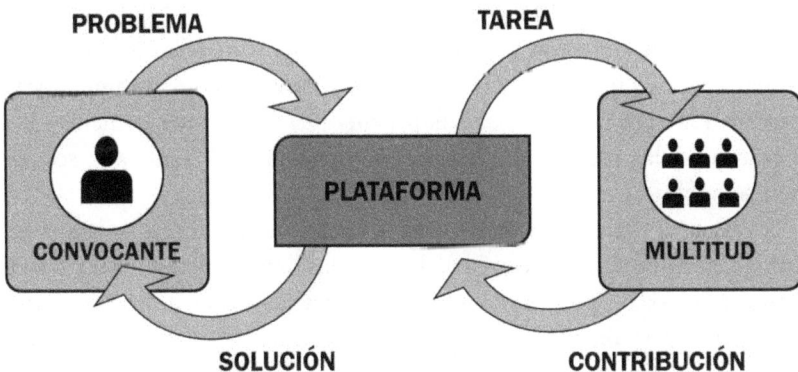

Figura 3: Relaciones entre los elementos del *crowdsourcing*. Fuente. Elaboración propia.

resultar un proceso largo si se procede a revisar cada una de ellas. Esto se acentúa si la participación ha sido elevada.

En estos casos, puede resultar útil recurrir al modelo de las 3C de Hoornaert et al. (2017). Este valora la viabilidad de implantación de las ideas recibidas a partir de tres fuentes de información: su contenido, la experiencia del participante que la ha propuesto y la respuesta de la multitud hacia ella (en inglés: *Content, Contributor's experience* y *Crowd's feedback*. Por ello, se denomina modelo de las 3C). Según el estudio de estos autores, la reacción de la multitud es la que aparenta una mayor capacidad de predicción. En concreto, la mayor probabilidad de acierto se obtiene cuando la decisión se basa en el número de votos y comentarios que recibe una propuesta. De esta manera, el ganador del concurso es elegido por los propios participantes. Lo cual se puede llevar a cabo a través de la creación de una segunda actividad de *crowdsourcing*, como proponen Neto y Santos (2018).

Ahora bien, fundamentar esta elección en la opinión de los usuarios provoca una demora en la obtención de la solución para el problema planteado a través de la iniciativa. Esta técnica requiere la recolección de las reacciones de la multitud durante un determinado período para, de manera posterior, analizarlas. En consecuencia, aumenta el tiempo necesario para llevar a cabo la actividad, lo cual no siempre es posible. El convocante puede necesitar los resultados en un plazo menor. Para ello, pueden basar su decisión en las otras dos fuentes de información señaladas por Hoornaert et al. (2017): el contenido de la idea y la experiencia del participante. Atendiendo a estos dos factores, las propuestas con mayor probabilidad de implantación son aquellas muy similares o rompedoras, y planteadas por usuarios que han generado otras anteriormente. Por el contrario, las ideas que albergan una originalidad moderada son las menos viables.

Por último, algunas iniciativas obtienen la solución a través de la agregación de las aportaciones recibidas. La responsabilidad de esta labor puede recaer sobre los propios participantes o ser llevada a cabo a través de ordenadores (Jiang et al., 2018). Asimismo, en algunos casos, los datos recibidos forman un conjunto heterogéneo de gran volumen y su análisis resulta complejo. Para facilitar esta labor, es recomendable servirse de una plataforma de *crowdsourcing* que ayude a su comprensión (Blohm et al., 2013).

2.4 Participación

Un factor determinante del éxito del *crowdsourcing* es la consecución de un número elevado de participantes (O'Leary, 2019). Y aún más si se va a emplear esta técnica para organizar un evento. Por ello, resulta esencial analizar qué motiva a la multitud a colaborar en estas iniciativas para diseñar los mecanismos de incentivos adecuados (Zhao y Zhu, 2014). Pero la participación no depende tan solo de ello. Pueden existir barreras que actúen en detrimento del proyecto y disuadan a la multitud (Faullant et el., 2017). Asimismo, el ámbito académico ha mostrado un reciente interés hacia la ética dentro de este contexto y el marco legal en el que se desarrollan, afirmando que también están vinculados al número de participantes que atrae una convocatoria (Kim et al., 2018; Thorpe y Roper, 2019). A continuación se examina de manera detallada cada uno de ellos.

2.4.1 Mecanismos de incentivos y barreras a la participación

La motivación de los participantes de las actividades de *crowdsourcing* ha sido ampliamente estudiada durante los últimos años, tanto de manera teórica como empírica. Esto se debe a que resulta esencial conocer qué mueve a la multitud a participar en ellas para poder desarrollar los mecanismos de incentivos apropiados e incrementar la efectividad de las convocatorias. En este contexto, la literatura se suele remitir a la Teoría de la Autodeterminación de Deci y Ryan (1985, 2000). Según esta, existen dos clases de motivación: intrínseca y extrínseca. La motivación intrínseca propicia que un individuo realice una tarea o actividad porque la considera inherentemente interesante o divertida. Por el contrario, la extrínseca hace referencia a aquella motivación de realizar una acción para obtener algo a cambio.

Los mecanismos que subyacen tras la motivación de la multitud en el *crowdsourcing* son complejos (Liang et al., 2018). La literatura recoge un gran número de estudios acerca del efecto de ambas en el contexto del *crowdsourcing*. De ellos se desprende que ambas conducen a la participación de la multitud en estos proyectos y a su continuidad en ellos (Alam y Campbell, 2017; Morschheuser et al., 2017). Y, además, se relacionan de manera positiva con la idoneidad de las contribuciones, entendida como su grado de adecuación a los requisitos establecidos en la convocatoria y su potencial para resolver el problema planteado (Acar, 2019). Aunque cabe señalar que se asume que la motivación intrínseca está vinculada a un mayor volumen de contribuciones y/o a una mejora en su calidad (Morschheuser et al., 2019). Para apelar a ambos tipos de motivación, el convocante se puede servir de múltiples incentivos.

Los principales elementos motivadores intrínsecos y extrínsecos empleados en este contexto según Ghezzi et al. (2018) se exponen en la tabla 2 (p. 30). El sistema de incentivos empleado depende de las características particulares de cada proyecto de *crowdsourcing*, ya que su efecto varía en función del contexto en el que son implantados. Dos rasgos de la tarea que condicionan la elección del tipo de incentivo ofrecido por el convocante son su complejidad y las habilidades que requiera para ser llevada a cabo (Ghezzi et al., 2018; Lisek, 2018). Las convocatorias que solicitan la ejecución de tareas sencillas suelen hacer uso del entretenimiento y la competición como incentivos.

Tabla 2: **Principales motivadores extrínsecos e intrínsecos empleados en el** *crowdsourcing*

Motivación intrínseca	• Mentalidad emprendedora • Oportunidad de expresar la creatividad individual • Sentimiento de pertenencia • Diversión y entretenimiento • Compensación psicológica y eficacia
	• Influencia e identidad social • Intercambio de información • Cooperación • Expresar el valor de uno mismo • Aprendizaje
Motivación extrínseca	• Recompensas monetarias • Reputación • Reconocimiento • Crecimiento profesional
	• Reciprocidad • Marketing personal • Motivos sociales • Aprendizaje

Fuente. Ghezzi et al. (2018, p. 28).

Por el contrario, si necesitan que los participantes sean expertos en la materia, es usual el empleo de recompensas monetarias y la oferta de intervenir en actividades de mayor dificultad (Lisek, 2018). Es más, los incentivos también pueden depender de las características demográficas de la multitud a las que se dirija la convocatoria. Baruch et al. (2016) obtienen a través de un estudio empírico que el género y la edad de los individuos que colaboran en el *crowdsourcing* influyen en cómo valoran distintos incentivos. Asimismo, la recompensa también condiciona el tipo de tarea que están dispuestos a desempeñar a cambio. Pee et al. (2018) señalan que los individuos que persiguen obtener recompensas monetarias también tienden a competir con los demás participantes y seleccionan tareas estructuradas que permiten comparar los resultados.

Por el contrario, aquellos que desean aprender y mejorar sus habilidades prefieren participar en iniciativas que requieran un elevado nivel de esfuerzo y compromiso. Ahora bien, el sistema de incentivos debe ser diseñado con cautela ya que la presencia de ambas motivaciones puede actuar en detrimento de la convocatoria. Según el estudio realizado por Lian et al. (2018), los incentivos extrínsecos minimizan el efecto de los intrínsecos sobre el esfuerzo depositado en la elaboración de la tarea si el participante no está comprometido con la actividad.

Más allá del sistema de incentivos, existen otros aspectos que pueden suponer un obstáculo a la participación. Uno de los que preocupa a la multitud y que podría afectar a la decisión de participar es la escasa transparencia de algunas plataformas (Baruch et al., 2016). En este sentido, el convocante debe cuidar el trato hacia los participantes y actuar de manera justa y honesta. Faullant et al. (2017) distinguen dos tipos de justicia basadas en las percepciones de los participantes de concursos de *crowdsourcing*: la justicia en la distribución de las recompensas y la justicia a lo largo del proceso. La primera hace referencia al adecuado reparto de premios en función del esfuerzo realizado. La segunda, a que los procedimientos y criterios empleados por los responsables de la elección de los ganadores sean percibidos como correctos.

La asignación de recompensas injustas causa frustración a la multitud y desincentiva la participación en la iniciativa. Faullant et al. (2017) desaconsejan ofertar un premio de gran cuantía a un único ganador ya que esto puede ocasionar que los futuros participantes crean que va a resultar demasiado complicado obtenerlo y desistan de contribuir en la convocatoria.

En cambio, sugieren que este sea dividido en varias recompensas de menor valor para que la multitud crea que es posible ganar alguna de ellas, incentivando así la participación. Respecto a la justicia del proceso, estos autores recomiendan que el jurado del concurso actúe de manera transparente e imparcial, y no se oculte información. De lo contrario, pueden surgir conflictos y comprometer el desarrollo de iniciativas posteriores. Si la multitud percibe que la organización no ha procedido de manera justa, las probabilidades de intervenir en una futura convocatoria disminuyen.

Ahora bien, los convocantes y los responsables de las plataformas no solo deben vigilar el trato que brindan a la multitud, sino que también deben prestar atención a las interacciones entre los propios participantes. En estas comunidades de usuarios, y en especial en aquellas desarrolladas bajo la forma de concurso, los participantes ven a los demás individuos como competidores (Ye y Kankanhalli, 2017). Este entorno puede propiciar interacciones negativas como sabotajes hacia los usuarios con mejor rendimiento.

Faullant y Dolfus (2017) advierten del riesgo que corren las iniciativas que permiten a los participantes votar por las propuestas de los demás. Ante el éxito de un usuario, el resto de la comunidad puede decidir dejar de apoyar sus contribuciones y proporcionar un *feedback* negativo. Esta disminución de la valoración por parte de sus compañeros puede desmotivar a los participantes con buen desempeño y animarles a abandonar, lo cual actuaría en detrimento de la convocatoria. Asimismo, Faullant y Dolfus (2017) señalan que se pueden establecer vínculos de amistad entre sujetos de la multitud y que esto condicione los votos hacia sus propuestas. De esta manera, las votaciones podrían no ser objetivas.

Por otra parte, Ye y Kankanhalli (2017) critican la preponderancia de los estudios acerca de los beneficios que obtienen los individuos que participan en las iniciativas de *crowdsourcing* sobre aquellos enfocados en los costes en los que incurren al hacerlo. Para llenar este vacío, proponen un modelo que refleja distintos costes y beneficios derivados del *crowdsourcing* y su relación con el nivel de participación y la confianza que deposita la multitud en la convocatoria. En concordancia con otros estudios, que obtienen beneficios como las recompensas monetarias, la posibilidad de mejorar habilidades, la autonomía para trabajar y la diversión se relacionan de manera positiva con ambas variables. Por tanto, todas ellas pueden ser empleadas dentro del sistema de incentivos de estas actividades.

En lo referente a los costes, señalan dos: el esfuerzo cognitivo requerido para formular las propuestas y la pérdida de poder sobre su conocimiento al compartirlo, ya que su aportación puede ser copiada por otros individuos. Según este estudio, el primero de ellos está relacionado de forma negativa con la participación. Es decir, un gran esfuerzo cognitivo desincentiva que la multitud intervenga en el *crowdsourcing*. Ye y Kankanhalli (2017) recomiendan a los responsables de las plataformas abiertas de crowdsourcing ayudar a los convocantes a definir de manera precisa qué problema desean resolver y los requisitos que deben cumplir las aportaciones para facilitar que la multitud entienda la tarea que solicita la actividad. De esta manera se trata de reducir el esfuerzo que van a realizar y, en consecuencia, no desmotivar a los participantes. En cuanto a la pérdida de poder sobre el conocimiento, no existe relación negativa entre él y la participación, pero sí con la confianza depositada en la convocatoria.

Para aumentar la confianza y reducir la incertidumbre, Pollok et al. (2019) recomiendan exponer de manera clara los términos de la actividad y no ocultar quién la convoca. De esta manera, se capta el interés de la multitud y se consigue que decidan participar en ella. En particular, los convocantes con mayor reputación entre la población son quienes más se benefician de esta medida (Pollok et al., 2019).

2.4.2 Ética y marco legal

El estudio de la ética y del marco legal del *crowdsourcing* ha captado el interés de los académicos de manera reciente. En el campo de la ética, surge un debate acerca de la suficiencia de la recompensa ofrecida. Desde el punto de vista de la multitud, la remuneración en muchos casos es escasa (Schlagwein et al., 2019). Standing y Standing (2018) apuntan que, si no se reconoce y retribuye de manera adecuada los conocimientos y experiencia de los participantes, estas iniciativas podrían ser vistas como una forma de explotación. Sheehan y Pittman (2019) ponen de manifiesto que la recompensa, en ocasiones, es menor que la parte proporcional del sueldo de un empleado que ejerce esa labor o los honorarios de un trabajador autónomo. Además, añaden que los participantes del *crowdsourcing* no gozan de la protección y los derechos recogidos en la legislación laboral.

Es más, en el *crowdsourcing* bajo la forma de concurso, tan solo un participante es premiado y el resto no obtiene nada a cambio de su trabajo. Standing y Standing (2018) recomiendan diseñar sistemas que reconozcan el valor de las aportaciones de todos participantes y premiar sus conocimientos y esfuerzo. Pero esto no siempre es posible ya que, si la participación es elevada, el presupuesto dedicado a la actividad aumentaría demasiado. Ahora bien, existen alternativas para facilitar que los participantes que no han obtenido ninguna recompensa decidan contribuir en una iniciativa futura.

Una de ellas es la propuesta por Piezunka y Dahlander (2019). Estos autores analizan los efectos de explicar a cada individuo por qué su propuesta no ha sido elegida. El silencio por parte del convocante tras el rechazo de una aportación desincentiva que un usuario vuelva a participar en otra actividad que organice. En cambio, si se informa de que no ha resultado ganador, aumenta su disponibilidad de intervenir en una próxima convocatoria. Este efecto tiene mayor fuerza si se argumenta por qué su idea no ha sido seleccionada. Acompañar la notificación del rechazo de una propuesta con retroalimentación explicando los motivos de tal decisión ayuda a mantener la relación con los participantes. De esta manera, las probabilidades de que contribuyan en futuras actividades de *crowdsourcing* del mismo convocante son mayores.

Asimismo, la existencia de algunas iniciativas que resultan ser una estafa también mina la confianza de la multitud en el *crowdsourcing*. En particular, se han descubierto actividades que aparentan ser de *crowdfunding* pero en realidad recaudan dinero de forma fraudulenta. Baucus y Mitteness (2016) crean el concepto *crowdfrauding* para denominar a las actividades que, a través de plataformas de *crowdsourcing*, ofrecen recompensas a los individuos que decidan invertir en el proyecto, retribuyéndoles a través de las aportaciones de inversores posteriores. Este modelo resulta insostenible a largo plazo. Cuando no consiguen atraer a más participantes, el proyecto quiebra y los últimos que han contribuido no recuperan su inversión.

En el plano legal, Alqahtani et al. (2017) distinguen dos grandes problemas relacionados con el *crowdsourcing*: el riesgo de exponer información personal de los usuarios y la gestión de los derechos de propiedad de las contribuciones. Respecto al primero, estos autores ponen de manifiesto la necesidad de crear mecanismos que protejan la privacidad de los participantes. Para evitar que sus datos sean recopilados por terceras personas que tengan el fin de emplearlos de manera indebida, recomiendan limitar el acceso tan solo a individuos con licencia para tal fin. Hassan y Rahim (2017) advierten el aumento de ataques virtuales a plataformas que acumulan datos como la edad, género e incluso religión o ideología política de sus usuarios, señalando la vulnerabilidad de las plataformas de *crowdsourcing*.

La gestión de la propiedad intelectual toma especial relevancia en el *crowdsourcing* que persigue la obtención de ideas o soluciones creativas e innovadoras (Foege et al., 2018). La naturaleza heterogénea de la multitud, el elevado número de integrantes que la forman y el hecho de que esta actividad tenga lugar a través de Internet, dificultan la labor de preservar los derechos de las aportaciones (Al Alqahtani et al., 2017). En este contexto, los convocantes pueden decidir que los derechos de las contribuciones pasen a ser de su propiedad o dejar que estos continúen perteneciendo a los participantes. A esta práctica se le conoce como "adquisición de derechos" (de Beer et al., 2017).

Por otra parte, las organizaciones corren el riesgo de que una contribución recibida presente contenido cuya propiedad intelectual corresponde a un tercer agente distinto al participante que la ha enviado. De Beer et al. (2017) denominan a este hecho "contaminación de la propiedad intelectual". A modo de ejemplo, un individuo puede incluir música protegida con derechos de autor en un vídeo e infringir de esta manera su licencia. Estos autores emplean el término "limitación de responsabilidades" para describir el grado de protección de un convocante frente a este tipo de sucesos. Cuanto mayor sea, mayores medidas legales toma la organización para prevenirlos.

En función de estas dos dimensiones, la adquisición de derechos y la limitación de responsabilidades, de Beer et al. (2017) describen cuatro enfoques de gestión de la propiedad intelectual en el *crowdsourcing*, los cuales se muestran en la figura 4 (p. 37).

- Pasivo: la organización no se preocupa por adquirir los derechos de las aportaciones y toma pocas precauciones en la limitación de responsabilidades. Este enfoque es más frecuente entre aquellas compañías que crean, por primera vez, este tipo de convocatorias y que no poseen un departamento legal que les advierta de los riesgos que corren tomando esta postura. Representa la opción menos segura de las cuatro descritas por de Beer et al. (2017).

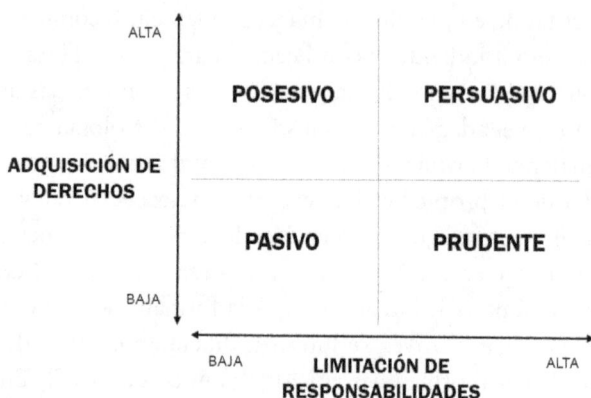

Figura 4: Gestión de la propiedad intelectual en el *crowdsourcing*. Fuente. Elaboración propia a partir de de Beer et al. (2017).

- Posesivo: el convocante conoce la importancia de adquirir los derechos de propiedad de las contribuciones y actúa en consecuencia. En cambio, presta poco interés a la limitación de responsabilidades. Por tanto, corren el riesgo de que se produzca contaminación de la propiedad intelectual.
- Persuasivo: la organización toma todas las medidas posibles para protegerse, adquiriendo los derechos y limitando responsabilidades. Ahora bien, esta actitud puede actuar en su contra ya que puede ser mal vista por la multitud. Estas acciones proteccionistas pueden generar críticas entre los participantes y afectar la imagen del convocante.
- Prudente: al contrario que en el enfoque posesivo, los derechos de las contribuciones no son adquiridos por el convocante, pero sí se toman precauciones referentes a la limitación de responsabilidades.

Hay que señalar que el manejo de la misma resulta más sencillo en el contexto del *crowdsourcing* interno, donde los participantes son los propios trabajadores de la compañía convocante (Malhotra et al., 2017). Por último, los participantes pueden recurrir tanto a mecanismos formales como informales para proteger la propiedad de su trabajo. Entre los formales se encuentran el registro de patentes y los acuerdos de confidencialidad. Respecto a los informales, destacan la posibilidad de describir tan solo una parte del proyecto para captar el interés del convocante o controlar algunos productos y servicios complementarios necesarios para emplear la tecnología propuesta como solución, forzando al convocante a adquirirlos (Foege et al., 2019).

2.5 Control de la calidad

El estudio del control de la calidad en el *crowdsourcing* tiene especial importancia debido, en parte, al riesgo asociado a la naturaleza diversa y localización dispersa de la multitud que participa en ella (Bu et al., 2018). Una iniciativa de *crowdsourcing* exitosa es aquella que alcanza su objetivo. Es decir, consigue obtener una solución al problema por el que fue creada. Pero, a pesar de las medidas que tome una organización para intentar que la actividad culmine con éxito, la reacción de la multitud es imprevisible.

El problema reside en que en el *crowdsourcing* se produce un traspaso de poder hacia la multitud, ya que es la encargada de realizar la tarea en cuestión (Wilson, 2018). La calidad de las aportaciones que se recibirán es impredecible, pudiendo la multitud enviar a propósito aportaciones inservibles con afán de castigar al convocante. En el caso del *crowdthink*, los participantes se burlan de organización, contribuyendo con ideas absurdas de manera intencionada (Wilson et al., 2017). El riesgo de este tipo de ataque aumenta cuando la ejecución de la tarea alberga subjetividad.

En cambio, cuando la labor se debe realizar siguiendo criterios objetivos, como sucede con las *microtasks*, la posibilidad de que esto ocurra es menor. Otro ejemplo de comportamiento contrario al éxito del proyecto es el *crowd hijacking* (Wilson et al., 2017). Este tiene lugar cuando la multitud se sirve de una iniciativa de *crowdsourcing* para dar visibilidad a causas distintas a los objetivos de la convocatoria. Aprovechan su alcance para impulsar sus propios intereses. Por tanto, sus aportaciones no poseen ningún valor para el convocante. En ambos casos, los resultados de la actividad resultan inútiles. La convocatoria desemboca en fracaso, suponiendo una pérdida de tiempo y recursos.

Por otra parte, Chen et al. (2018) ponen de manifiesto la posibilidad de obtener contribuciones duplicadas si la actividad de *crowdsourcing* otorga la recompensa a todos los usuarios que contribuyan en ella. Advierten que algunos participantes pueden crear distintas cuentas en una misma plataforma y enviar la misma aportación a través de todas ellas. De esta manera, obtienen la recompensa multiplicada. Otro problema surge si la plataforma facilita el contacto entre sus usuarios y un grupo decide realizar la tarea de manera conjunta y enviar la misma solución. Estos comportamientos perjudican a la iniciativa, reduciendo su calidad.

Tener éxito durante un tiempo tampoco garantiza la sostenibilidad de la actividad a largo plazo. Existen ejemplos de *crowdsourcing* que han fracasado tras años de actividad. Uno de ellos es el analizado por Kohler y Nickel (2017), el sitio web Quirky[1]. Quirky es una plataforma de *crowdsourcing* que proporciona a su comunidad de usuarios los medios para exponer ideas y diseños de nuevos productos, brindando la posibilidad de fabricar aquellos más votados por otros miembros. Fue creada en el año 2009 y en 2015 había conseguido atraer a más de un millón de participantes activos. Pero ese mismo año la compañía quebró y el 2016 retomó su actividad encargando su gestión a un nuevo equipo de responsables. Kohler y Nickel (2017) achacan su fracaso, entre otros factores, al descenso de la calidad de los productos. Esto fue ocasionado por su contraproducente sistema de incentivos. Este exigía que sus participantes evaluaran un número excesivo de propuestas para poder obtener reconocimiento en la plataforma. En consecuencia, el tiempo dedicado a cada una de ellas disminuyó, afectando a la calidad de los resultados.

A raíz de lo anterior, se puede afirmar que controlar la calidad del proceso resulta clave para incrementar sus posibilidades de éxito. Para poder hacerlo, es necesario conocer de qué factores depende la calidad de una iniciativa de *crowdsourcing*. Daniel et al. (2018) señalan tres dimensiones principales: las contribuciones obtenidas gracias a la actividad, la tarea encomendada a la multitud y las personas que forman parte del proceso. Respecto a las primeras, Daniel et al. (2018) señalan que la característica más estudiada en este contexto es su exactitud. En otras palabras, el grado en el que se ajustan a aquello requerido en la descripción de la tarea. Cuanto más precisas son las aportaciones, mayor es la probabilidad de que la convocatoria logre el objetivo para el que fue creada. Para ello, resulta esencial que la multitud comprenda qué se pide que realicen. Komninos

---

1 Quirky (2018). Recuperado de https://quirky.com [acceso 20/08/2019].

(2019) sugiere hacer visibles las contribuciones recibidas para aclarar a los nuevos usuarios qué se solicita en la convocatoria. De esta manera, el nivel de calidad general aumenta. Otro rasgo importante referido a las contribuciones es su coherencia (Daniel et al., 2018). En el caso de tareas que no requieren creatividad, las aportaciones de distintos participantes guardan gran similitud si han sido elaboradas de manera correcta. Es decir, en estos casos, la homogeneidad entre las contribuciones es indicador de su calidad.

En cuanto a la tarea, su descripción debe ser clara y no demasiado compleja. De no ser así, puede desmotivar la participación o propiciar que se reciban contribuciones que no se ajustan a los requisitos. Asimismo, la interfaz donde se expone también influye en su calidad. Los entornos sencillos y fáciles de utilizar se encuentran relacionados con mejores aportaciones. Por el contrario, las plataformas complejas cuyo uso no es intuitivo desincentivan la contribución en el proceso (Daniel et al., 2018). Zhao y Zhu (2016) sostienen que se ha de prestar especial atención a su redacción en las categorías de *crowd solving* y *crowd creation*, ya que, en ambos casos, la tarea suele entrañar mayor complejidad. Además, se deben vincular incentivos a su realización. De esta manera, aumenta su atractivo y, por tanto, la intención de ejecutarla de manera correcta para obtener dicho incentivo. También se debe tener en cuenta el plano legal en torno a la tarea. Proteger la privacidad de los participantes y gestionar de forma transparente los derechos de propiedad son otros rasgos vinculados a la participación y a la calidad (Daniel et al., 2018).

Por último, la calidad del proyecto también depende de todas las personas relacionadas con él. En concreto, del convocante, los participantes y la multitud como conjunto (Daniel at al., 2018). Los rasgos del convocante que afectan a la calidad de la convocatoria son su disposición a comunicarse con la multitud, su capacidad para adecuar la cuantía de las recompensas el tiempo necesario para llevar a cabo la tarea, el grado de justicia a la hora de decidir si una contribución es aceptada o rechazada y la rapidez para hacer entrega de la recompensa. En cuanto a los participantes, rasgos personales como su edad o su localización se encuentran vinculados a la calidad de sus aportaciones. Lo mismo sucede con otras características como su experiencia y su cualificación. Por último, la calidad de la multitud entendida como un todo también resulta importante. En concreto, debe estar disponible, ser diversa y que no existan duplicidades. En otras palabras, debe estar integrada por un número suficiente de personas, que posean distintos perfiles y habilidades, y que trabajen de manera autónoma para no recibir la misma aportación de más de un participante (Daniel et al., 2018).

Por todo ello, resulta necesario establecer mecanismos de control que vigilen la calidad de la actividad. Neto y Santos (2018) llevan a cabo una revisión de la literatura para identificar cuáles son los más usuales en tres momentos del proceso de *crowdsourcing*: antes, durante y tras la realización de la tarea. La introducción de los mecanismos de control durante estas tres etapas se representa en la figura 5.

En la fase previa a la ejecución de la tarea, se suelen emplear tutoriales o videos que esclarezcan a la multitud cómo deben llevarla a cabo, cuestionarios para verificar que están capacitados para completarla y distintos procedimientos para tratarla y simplificarla (Neto y Santos, 2018). Otra opción consiste en emplear sofisticados sistemas basados en algoritmos, como el propuesto por Yu et al. (2017). Este decide qué tareas sugerir a cada participante en función de parámetros como su reputación o carga de trabajo. Gracias a ello, aumenta el nivel de calidad medio de las aportaciones y, por tanto, la productividad del proyecto en su conjunto. Boons y Stam (2019) apoyan que los organizadores de la actividad tomen un papel

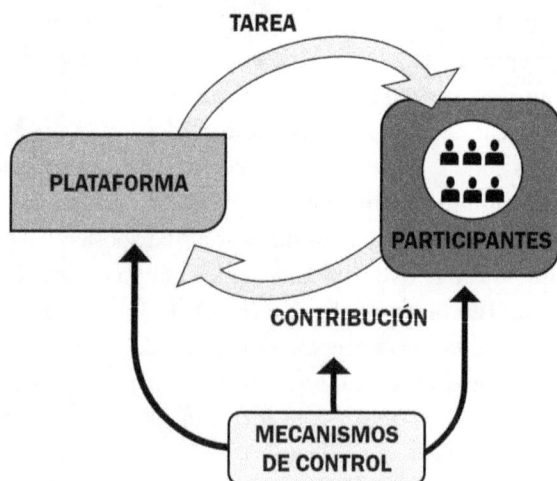

Figura 5: Introducción de mecanismos de control en el *crowdsourcing*. Fuente. Elaboración propia.

activo en la selección de los potenciales participantes. Argumentan que permitir que cualquier individuo intervenga en el *crowdsourcing* perjudica su eficiencia. En concreto, aumenta los costes y el tiempo invertidos en él. Cabe señalar que ninguna de estas medidas garantiza el éxito de la iniciativa ya que resulta imposible predecir si la multitud conseguirá resolver la tarea (Neto y Santos, 2018).

Ahora bien, establecer pautas previas a la ejecución de la actividad para facilitar que las contribuciones obtenidas sean de calidad, no sustituyen al control continuo de la misma (Blohm et al., 2018). Durante el desarrollo de la actividad, generalmente se establece una normativa que la multitud debe cumplir para que su labor sea válida. Además, se pueden introducir cuestionarios que ejerzan como filtros, eliminando las aportaciones de aquellos participantes que han errado la respuesta (Neto y Santos, 2018). Este último es el mecanismo de control disponible en la plataforma abierta Figure Eight[2], antes conocida como CrowdFlower. Las denominadas *Gold Test Questions* son preguntas cuya solución ha proporcionado el convocante de manera previa y que son introducidas entre el resto de cuestiones que se plantean a la multitud. Comparar la respuesta preestablecida y la del individuo permite conocer la rigurosidad de su trabajo y, en consecuencia, desechar a aquellos que no cumplan el estándar de calidad mínimo. Cabrall et al. (2018) estudian la eficacia de este mecanismo en dicha plataforma, obteniendo que gracias a él aumenta de manera significativa la precisión de las aportaciones.

Los mecanismos de control posteriores al desarrollo de la actividad son los más empleados (Neto y Santos, 2018). Como se ha comentado de manera previa, en esta fase se agregan las aportaciones de los participantes o se escoge la propuesta ganadora. Neto y Santos (2018) señalan que en el *crowdsourcing* basado en *microtasks* resulta frecuente agregar las contribuciones de todos los participantes a una misma tarea y tomar como solución la respuesta que se repite en un mayor número de ocasiones. Otras opciones son la revisión manual de las aportaciones y su procesamiento informático.

---

2 Figure Eight (2019). Recuperado de https://www.figure-eight.com/ [acceso 10/07/2019].

Capítulo 3 Gamificación

3.1 Introducción

La gamificación es una técnica de diseño consistente en "la aplicación de elementos propios del juego en contextos ajenos a él" (Deterding et al., 2011, p. 10). Surge en el ámbito de los negocios, atrayendo la atención del ámbito académico a partir del año 2010 (Alhammad y Moreno, 2018; Yildirim, 2017). Y, en la actualidad, su ámbito de aplicación más importante es la educación (Kasurinen y Knutas, 2018). Esto se debe al potencial que alberga para lograr el compromiso de los individuos con una actividad (Nacke y Deterding, 2017). En la Educación Superior representa una herramienta eficaz para captar el interés de los alumnos y mejorar su rendimiento y participación tanto dentro como fuera del aula (Huang y Hew, 2018; Ribeiro et al., 2018).

Ahora bien, gamificar un proceso o servicio no significa convertirlo en un juego (Cardador et al., 2017). La finalidad de este diseño es fomentar un determinado comportamiento que ayude a alcanzar unos objetivos que han sido determinados de manera previa (Yen et al., 2019). Para ello, se apela a la motivación de los individuos (Hamari et al., 2018). Cabe señalar que el término gamificación ha sido empleado por algunos autores para hacer referencia a otros conceptos que, si bien se encuentran relacionados con el juego, no se ciñen a la definición de Deterding et al. (2011); lo cual genera controversia en el ámbito académico (Seaborn y Fels, 2015). Xu et al. (2017) sostienen que este uso incoherente de la terminología necesita ser aclarado. En particular, ponen de manifiesto la confusión que genera la ausencia de criterios para distinguir la gamificación de los juegos en sí mismos. Esto se debe a que existe una categoría denominada juegos serios que, al igual que los diseños gamificados, son creados para lograr cierto objetivo (Aparicio et al., 2019).

Por todo ello, en este capítulo se examina qué elementos del juego emplea la gamificación, quiénes intervienen en el proceso y cómo se crean estos diseños. Además, se exponen algunas de las conclusiones recogidas en la literatura acerca de su efecto sobre la motivación de sus usuarios. Con todo ello, se persigue aclarar cómo funciona esta técnica para poder aplicarla en eventos creados bajo la forma de *crowdsourcing*.

3.2 Elementos

La gamificación se sirve de los elementos propios del juego para crear experiencias motivadoras. Ahora bien, no existe una lista cerrada de elementos que se pueden emplear ni una única clasificación de ellos. En otras palabras, su delimitación es arbitraria y subjetiva (Sailer et al., 2017). Además, distintos investigadores emplean diferentes denominaciones para hacer referencia al mismo elemento (Wee y Chong, 2019), lo cual dificulta aún más la labor de identificar cuáles son los elementos de la gamificación. Una de las clasificaciones más usuales es la propuesta por Werbach y Hunter (2012), quienes distinguen las tres categorías representadas en la figura 6 (p. 47): dinámicas, mecánicas y componentes.

Las dinámicas forman el grupo de elementos más abstracto. Robson et al. (2015) las definen como los tipos de comportamientos que muestran los jugadores en el juego. Están establecidas por cómo siguen las mecánicas los usuarios del sistema gamificado. A pesar de no poder ser implementadas de manera directa en él y de ser difíciles de predecir, su gestión resulta esencial ya que se encuentran estrechamente vinculadas a la motivación (Friedrich et al., 2020).

Figura 6: Categorías de elementos de la gamificación. Fuente. Elaboración propia a partir de Werbach y Hunter (2012).

Tabla 3: Principales dinámicas, mecánicas y componentes de la gamificación

DINÁMICAS	MECÁNICAS	COMPONENTES
Emociones Progreso Narrativa Relaciones Restricciones	Retos Oportunidades Competición Cooperación Historias significativas	Logros Avatares Insignias Colecciones Desbloqueo de contenido
	Presión temporal Retroalimentación Gráficos de rendimiento Bienes virtuales Recompensas	Cuenta atrás Regalos Tablas de clasificación Niveles Puntos
	Estatus Niveles	Barras de progreso Misiones Valoraciones Equipos Bienes virtuales

Fuente. Friedrich et al. (2020, p. 7).

Las mecánicas, en cambio, son establecidas por los diseñadores del sistema. Esta categoría engloba aquellos procesos que guían la acción del juego y fomentan la participación de los jugadores (Werbach y Hunter, 2012). Para decidir cuáles emplear, los responsables deben intentar anticipar qué dinámicas generarán (Robson et al. 2015). Para ello pueden analizar la probabilidad de respuesta de los usuarios o hacer simulaciones de su futuro comportamiento (Mullins y Sabherwal, 2020). Cabe señalar que cada mecánica permite implantar una o más dinámicas (Cheong et al., 2014). Por último, los componentes son la representación específica de las dinámicas y las mecánicas (Werbach y Hunter, 2012). Los principales elementos del juego de los cuales se sirve la gamificación, divididos en estas tres categorías, se muestran en la tabla 3 (p. 48).

Los más recurrentes son los que forman la denominada tríada PBL[3]: puntos, insignias y tablas de clasificación (Oppong-Tawiah et al., 2020). Los puntos representan el progreso o el rendimiento de un jugador, siendo otorgados

3 Por sus siglas en inglés: *Points, Badges, Leaderboards* (Puntos, Insignias y Tablas de clasificación).

cuando se completan niveles o determinadas actividades. Las insignias son una representación visual y coleccionable de los logros. Por último, las tablas de clasificación representan un listado ordenado de los usuarios en función de sus méritos (Werbach y Hunter, 2015; Nah et al, 2019).

Featherstone y Habgood (2019) señalan que la tríada PBL resulta útil en tres contextos. En primer lugar, para aportar retroalimentación a aquellos individuos que actúan de la manera deseada. Esto permite reforzar su comportamiento y facilitar que se vuelva a producir en el futuro. En segundo lugar, para recompensar a los usuarios que completan la tarea que se ha fijado de la forma más eficiente o con mayor calidad que los demás individuos o que ellos mismos con anterioridad. Por último, también se emplean para hacer una actividad más amena sin alterar su funcionalidad. Hay que señalar que, entre ellos, los más usuales son los puntos, los cuales se encuentran presentes en la mayoría de los sistemas gamificados (Mavroeidi et al., 2019). Albertazzi et al. (2019) argumentan que esto se debe a que ejercen de base para el diseño de otros elementos. Los puntos no solo sirven para proporcionar retroalimentación, sino que permiten la creación de tablas de clasificación o ser empleados como criterio para otorgar insignias.

Tras la tríada PBL, otro elemento utilizado con frecuencia son los niveles (Mavroeidi et al., 2019). Estos dividen la experiencia gamificada en fases que los usuarios deben superar de manera sucesiva a medida que progresan (Lister, 2015, Aldemir et al., 2018). Al igual que los anteriores, miden el rendimiento de los usuarios (Tang y Zhang, 2019). Asimismo, la reciente revisión realizada por Koivisto y Hamari (2019) ha detectado un destacado incremento del estudio del efecto de los retos (p. ej. Azevedo et al., 2019). Si bien este elemento siempre ha estado presente en la gamificación, estos autores atribuyen el notable aumento de atención hacia él a un cambio en la codificación utilizada en la literatura. Los retos son tareas con objetivos definidos cuya dificultad aumenta de manera progresiva (Barata et al., 2017). Además de ejercer como entrenamiento para capacitar a los usuarios para llevar a cabo otros retos más complejos, también permiten mantener su motivación a lo largo del tiempo (Barata et al., 2017; Yen et al., 2019).

Pero la gamificación no solo se sirve de elementos que señalizan la consecución de logros o progreso, sino que existen otros que permiten involucrar al usuario y dotar de significado a la experiencia (Tang y Zhang, 2019). Entre ellos figuran las historias y los avatares. La historia hace referencia al contexto del juego, el hilo narrativo y sus personajes (Kapp, 2012). Hace que la situación sea más amena y facilita la inmersión de los individuos, influyendo sobre su motivación (Hamari et al., 2018). El mismo efecto puede ser producido por los avatares. Brindar a los usuarios la posibilidad de personalizar esta representación virtual favorece que se sientan identificados y que generen empatía hacia ellos. Son percibidos como una proyección de ellos mismos, promoviendo que se involucren en la actividad (Rapp, 2017).

Otra categoría de elementos es la formada por aquellos vinculados a las relaciones sociales, como los equipos y la comunicación entre usuarios (Yen et al., 2019). Cuando la experiencia gamificada se desarrolla de manera virtual, no es necesario que los integrantes de un equipo se conozcan fuera del juego (Buckley et al., 2018). En este contexto, la influencia social, desencadenada a partir de la exposición hacia una comunidad y ejercida a través de sus opiniones y actitudes, puede influir sobre el comportamiento de los individuos (Hamari y Koivisto, 2015). En la actualidad, es usual encontrar procesos gamificados que interactúan con determinadas redes sociales, permitiendo que sus usuarios compartan los logros que han obtenido (Vanolo, 2018). A través de esta práctica se otorga reconocimiento y estatus, incrementando la motivación para continuar actuando en la actividad gamificada.

A pesar del vasto conjunto de elementos disponibles, algunos autores critican el escaso número de ellos empleados en la práctica autores (Koivisto y Hamari, 2019; Rapp et al, 2019). En este sentido, cabe señalar que existe otro conjunto de elementos que, si bien no son funcionales, mejoran la calidad de la experiencia (Tang y Zhang, 2019). Entre ellos se encuentran la estética, las animaciones y la música, entre otros.

3.3 Integrantes

En los procesos gamificados se halla implicado un conjunto de actores que, mediante su participación en él, pueden determinar su transcurso y su resultado final. Este no está formado tan solo por los jugadores, sino que engloba un conjunto más amplio de agentes. Robson et al. (2015) señalan dos rasgos distintivos de aquellas personas que se encuentran relacionadas con una experiencia gamificada: cómo es su participación y qué tipo de conexión poseen con el entorno. Respecto a la participación, un agente puede contribuir de manera activa en el proceso o tan solo estar involucrado de forma pasiva en él. Asimismo, se pueden relacionar de dos formas con el entorno: mediante absorción o inmersión. En el caso de la absorción, la experiencia gamificada se desarrolla ante el individuo, mientras que en la inmersión el propio actor forma parte de ella, física o virtualmente. A partir de estas dos dimensiones, Robson et al. (2015) describen cuatro tipos de participantes en los procesos gamificados, los cuales se muestran en la figura 7 (p. 52).

- Jugadores: son los protagonistas de la actividad, aquellos que compiten en la experiencia gamificada. Se encuentran muy inmersos en ella, participando de manera activa.
- Diseñadores: son los responsables de la creación del proyecto, así como de su mantenimiento. Actúan de forma activa principalmente durante la etapa de configuración de la actividad gamificada. Cuando esta da comienzo, su papel se convierte en pasivo. A partir de ese momento se encargan de supervisar que la actividad se desarrolle de manera adecuada.

Figura 7: Integrantes de la gamificación. Fuente. Elaboración propia a partir de Robson et al. (2015).

- Espectadores: su participación es pasiva aunque se encuentran inmersos en la experiencia. Esto se debe a que no compiten en ella como los jugadores ni se encargan de su desarrollo como los diseñadores. Son parte de la atmósfera que rodea a la experiencia gamificada. Además, pueden condicionar el comportamiento de los jugadores ejerciendo de apoyo o brindándoles ayuda. Es decir, a pesar de su rol pasivo, su intervención puede alterar el desarrollo de la actividad.

- Observadores: su rol es pasivo y están absorbidos por la actividad gamificada. No contactan de manera directa con los jugadores, pero siguen su evolución. Su actuación no afecta al progreso de la experiencia, tan solo le otorga popularidad cuando este conjunto de individuos es numeroso. En ese caso, significa que la actividad está siendo vista por muchos observadores. Asimismo, estos sujetos pueden decidir adoptar un rol más activo o estar más inmersos. Por ello, representan potenciales jugadores y espectadores.

Robson et al. (2015) critican la poca atención que se presta a las figuras de los espectadores y los observadores. Si bien los jugadores y diseñadores son los únicos que poseen un rol activo en un proceso gamificado, la actuación de los otros dos agentes también resulta importante para su desarrollo. En un evento gamificado, los espectadores son aquellos individuos que representan una figura de autoridad, como los organizadores, o que pueden prestar ayuda a los jugadores, resolviendo dudas o facilitando que avancen en la experiencia, como el personal de apoyo. En este caso, los observadores son quienes asisten al evento y no participan. Su mera presencia ejerce un efecto sobre los jugadores, aunque no de manera directa. Asimismo, los jugadores pueden abandonar su rol activo pero permanecer en la actividad apoyando a otro compañero. De esta manera, se transforman en espectador.

De estos cuatro agentes, los jugadores son quienes centran la atención de los académicos. Movidos por conocer qué les motiva, se suele analizar qué clases de jugadores existen. La importancia de establecer qué tipos de usuarios se pueden encontrar dentro de la gamificación reside en la posible variación de la influencia que puede ejercer cada diseño gamificado sobre cada uno de ellos (Kocadere y Çağlar, 2018). Cada tipo de usuario, al perseguir distintos objetivos y presentar diversas prioridades, puede ser más susceptible a determinados diseños gamificados. De manera empírica,

ACTUAR

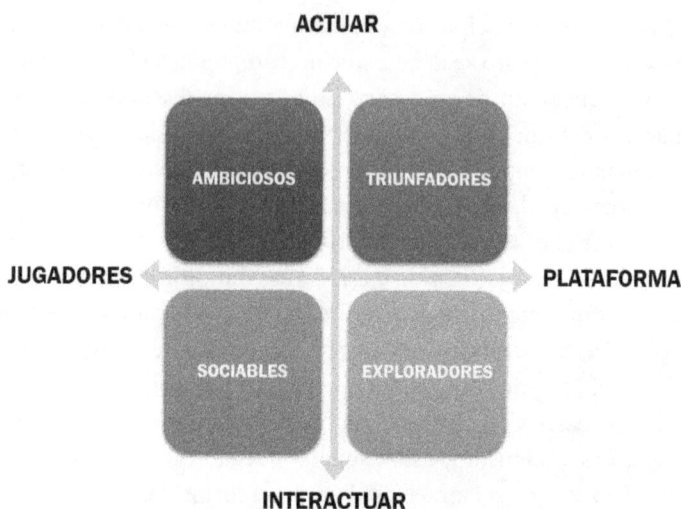

JUGADORES   PLATAFORMA

INTERACTUAR

Figura 8: Clasificación de jugadores. Fuente. Elaboración propia a partir de Bartle (1996).

se han obtenido distintos cambios en el comportamiento de los individuos dentro de una experiencia gamificada en función de los rasgos de su personalidad (Buckley y Doyle, 2017).

La clasificación de jugadores más utilizada en la literatura es la propuesta por Bartle (1996). En sus orígenes, hacía referencia a los usuarios de videojuegos multijugador en línea (*MUD*, por sus siglas en inglés). Sin embargo, en la actualidad se aplica a todo tipo de juegos, así como a las experiencias gamificadas (Hamari y Tuunanen, 2014). Bartle (1996) señala dos dimensiones que caracterizan a los jugadores: si actúan o interactúan, y si esto se produce con otros jugadores o con la propia plataforma. La combinación de ambas da lugar a los siguientes cuatro tipos de jugador, mostrados en la figura 8.

- Triunfadores (*Achievers*): juegan para acumular puntos y aumentar niveles. El resto de acciones en el juego las llevan a cabo solo si apoyan estos dos objetivos. Por ejemplo, exploran la plataforma y eliminan rivales únicamente si eso les reporta puntos. Asimismo, contactan con otros usuarios con la finalidad de conseguir información para obtener más recompensas.

- Exploradores (*Explorers*): encuentran diversión en el descubrimiento. Buscan conocer cada lugar de la plataforma y encontrar características interesantes. Acumulan puntos solo si el juego lo requiere para acceder a fases posteriores en nuevos entornos inexplorados. No prestan interés en acabar con otros jugadores ni en socializar con ellos.
- Sociales (*Socializers*): su objetivo es conocer personas y crear vínculos con ellas. Para ellos prima empatizar, bromear y escuchar a otros usuarios. El juego es tan solo el lugar donde se desarrollan estas relaciones sociales. Por ello, puede resultar necesario explorar para comprender de qué hablan o acumular puntos para lograr estatus dentro de la comunidad.
- Ambiciosos (*Killers*): su finalidad es imponerse al resto de jugadores, atacar a sus rivales y eliminarlos. Se divierten molestando a sus víctimas. Para ser más poderosos dentro del juego es posible que precisen acumular puntos. También puede ser necesario conocer cómo es la plataforma para encontrar nuevas maneras de llevar a cabo sus ataques y contactar con compañeros para compartir estrategias.

Esta clasificación de Bartle (1996) ha recibido críticas de distintos autores. Entre ellas destaca la de Yee (2006), quien apunta que las suposiciones del modelo no han sido testadas de manera empírica. Por ejemplo, Bartle (1996) asume que los cuatro tipos de jugador son independientes y que un individuo no puede mostrar rasgos de dos o más de ellos. Aun así, la mayoría de tipologías publicadas de manera posterior se basan en esta clasificación (Hamari y Tuunanen, 2014). En el contexto de la gamificación, algunos ejemplos son los desarrollados por Marczewski (2015), Robson et al. (2016) o Leclercq et al. (2020).

3.4 Diseño

La definición y análisis de métodos de diseño es un tema que suscita gran interés dentro del contexto de la gamificación. El éxito de una actividad gamificada depende de manera directa de que haya sido diseñada de manera correcta. En la actualidad se siguen proponiendo nuevos métodos que buscan crear diseños más eficientes. Esto se debe a que los ya existentes aún presentan dificultades para lograr los resultados deseados (Warmelink et al., 2020). Asimismo, se centran principalmente en el usuario y no tienen en cuenta otros aspectos relevantes como la viabilidad de su desarrollo, el presupuesto que requieren o el riesgo que se ha de tomar para crearlos (Mora et al., 2017). Por todo ello, se debe seguir analizando qué pautas resultan efectivas. De esta manera se podrán establecer principios de diseño que permitan desarrollar actividades gamificadas exitosas que logren alcanzar los objetivos que persiguen (Liu et al., 2017).

Ante las numerosas propuestas de métodos de diseño, Deterding (2015) realiza una revisión de la literatura con el objetivo de identificar un esquema común a todas ellas, obteniendo que los principales pasos que sugieren seguir son:

1. Determinar los objetivos se persiguen alcanzar a través de él.
2. Determinar qué comportamientos de los futuros usuarios del sistema ayudarán a conseguir estos objetivos y calcular cuál será su contribución al resultado.
3. Establecer una clasificación de los distintos perfiles que pueden presentar los futuros usuarios. La más empleada es la de Bartle (1996), la cual distingue cuatro tipos de jugador y ha sido expuesta anteriormente.
4. Crear la guía del juego y especificar sus pautas:
   a) Idear un sistema de puntos basado en los cálculos realizados en el paso número dos. Este ha de ser visible para los usuarios.
   b) Planificar una secuencia de objetivos que los usuarios deben conseguir. Estos pueden consistir en la ejecución de acciones concretas o en la obtención de cierta cantidad de puntos. Por ejemplo, se pueden introducir misiones o niveles.
   c) Establecer qué retroalimentación se proporcionará a los usuarios que consigan dichos objetivos. Algunos ejemplos son las insignias o las recompensas virtuales. También se pueden ordenar a los usuarios en tablas de clasificación en función de sus logros o brindarles la posibilidad de añadir personalizaciones a su perfil, entre otros.
   d) Añadir pautas adicionales.
5. Realizar una prueba previa para verificar su buen funcionamiento.
6. Si la prueba arroja resultados positivos, desarrollar el sistema y dar comienzo a la experiencia.
7. Analizar de manera continua el comportamiento y el rendimiento de los usuarios a través de distintas herramientas para poder ayudarles y fomentar su progreso en caso de ser necesario.

La principal crítica que realiza Deterding (2015) es la ausencia de un análisis de la motivación de los participantes. Argumenta que esto dificulta que se creen experiencias que susciten su interés, disminuyendo la eficacia. Morschheuser et al. (2017c) concuerdan con él, al recomendar un estudio de las necesidades y motivaciones de los usuarios previo al diseño de la experiencia. Para ello, sugieren que los diseñadores posean, además de conocimientos en diseño de juegos, conocimiento acerca de la motivación humana. Es más, estos autores también abogan por otorgar prioridad a dichas necesidades sobre los objetivos de la organización. La visión de los académicos ha evolucionado en los últimos años. En la actualidad, los métodos de diseño incluyen pasos referentes a dicho análisis. Un ejemplo de ello es el propuesto por Cechetti et al. (2019), el cual está formado por las siguientes siete fases:

1. Análisis de los requisitos y funcionalidades del sistema.
2. Análisis de las características de los futuros usuarios.
3. Identificación de las interacciones del proceso.
4. Análisis de la gamificación en sistemas similares.
5. Selección de los elementos del juego.
6. Desarrollo del sistema.
7. Evaluación de sus efectos.

Las tres primeras permiten a los diseñadores comprender cómo es el sistema que se va a gamificar, los rasgos que definen al público al que se dirige y las interacciones que se producirán entre ambos. El uso de los distintos elementos depende de qué tipo de individuos participan, así como las características de la propia experiencia y de la manera mediante la cual se lleva a cabo. Liu et al. (2017) añaden que se debe ser congruente con la tarea y con la tecnología que utilice el sistema. Afirman que, por ejemplo, el uso de tablas de clasificación no está justificado si la realidad a la cual se aplica el diseño gamificado no pretende comparar los resultados de los usuarios. La cuarta fase de este método consiste en analizar qué diseños se han empleado en circunstancias similares y qué efectos han provocado. De esta manera, se pueden elegir en la quinta fase los elementos del juego más apropiados para ser implementados en la siguiente. Por último, Cechetti et al. (2019) recomiendan evaluar el resultado, verificando que se influye sobre la motivación de los usuarios de la forma deseada.

Por otra parte, van Roy y Zaman (2017) recomiendan crear diseños flexibles. Defienden que la gamificación debe tener presente las diferencias personales y poder ser modificada para adaptarse a las necesidades y preferencias de cada usuario. Van Dooren et al. (2019) sugieren dos alternativas para desarrollar experiencias personalizadas. La primera de ellas consiste en hacerlo de manera explícita, mediante la modificación manual del contenido del juego. Esta responsabilidad puede ser adjudicada a los usuarios a través de un proceso guiado de toma de decisiones. La otra, por el contrario, se basa en una adaptación automática a partir de una modelización del comportamiento de los individuos. Ambas ayudan a gestionar las expectativas de los usuarios y mejorar su experiencia.

Ahora bien, la experiencia gamificada debe ser diseñada con cautela. Diefenbach y Müssig (2019) estudian en qué circunstancias esta técnica puede ser contraproducente y conducir hacia comportamientos no deseados. En concreto, puede motivar comportamientos negativos —por ejemplo, si los mecanismos de recompensas premian la procrastinación— o desmotivar comportamientos positivos —por ejemplo, penalizando a un usuario por un error cometido por otro—. Para prevenir que esto ocurra, Diefenbach y Müssig (2019) recomiendan dotar de significado a las recompensas ofrecidas y evitar copiar diseños gamificados que han resultado exitosos en otros contextos. Sin embargo, no existen demasiados estudios similares a este. A partir de una revisión de la literatura, Koivisto y Hamari (2019) critican que los académicos se centran tan solo en los beneficios derivados de la gamificación. Por ello, sugieren que las futuras líneas de investigación se encaminen hacia el análisis de sus potenciales efectos adversos y cómo mitigarlos.

3.5 Efectos sobre la motivación

Los diseñadores de experiencias gamificadas deben poseer un perfil multidisciplinar ya que, para que estas tengan éxito, deben tener tanto conocimientos acerca del diseño de juegos como dentro del ámbito de la psicología (Hamari et al., 2018). Solo de esta manera pueden ser capaces de crear diseños que influyan sobre la motivación de los usuarios. En este contexto, la literatura, al igual que en el caso del *crowdsourcing*, se remite de manera usual a la Teoría de la Autodeterminación de Deci y Ryan (1985), diferenciando entre motivación extrínseca e intrínseca. En particular, la gamificación trata de crear experiencias que, al igual que los juegos, sean intrínsecamente motivadoras (Koivisto y Hamari, 2019).

Nicholson (2015) afirma que los diseños gamificados basados en sistemas de recompensas influyen sobre la motivación extrínseca de los usuarios, quienes buscan obtener un beneficio concreto. Esto resulta suficiente para modificar el comportamiento de los usuarios en el corto plazo. Sin embargo, si se desea mantener el cambio a largo plazo, pueden surgir complicaciones. Cuando las recompensas son eliminadas, desaparece la motivación extrínseca que movía a estos individuos. Y como el diseño gamificado no ha logrado influir sobre su motivación intrínseca, abandonan la actividad. En otras palabras, retoman el comportamiento previo a la introducción de la gamificación. Por tanto, los diseñadores deben incluir elementos, más allá de los incentivos extrínsecos, si desean que los cambios en el comportamiento se sostengan a lo largo del tiempo.

Entre ellos destacan aquellos que focalizan su atención en el uso de la tríada PBL: puntos, insignias y tablas de clasificación. El principal objetivo de estos elementos es producir efectos sobre la motivación extrínseca. Sin embargo, también pueden afectar a la intrínseca (Armstrong y Landers, 2018). Para ello, Hajarian et al. (2019) proponen personalizar las recompensas. A través de un estudio empírico, obtienen que la personalización de puntos, niveles y tablas de clasificación, en función de los intereses de cada usuario, incrementa su compromiso con la actividad a largo plazo y permite crear experiencias intrínsecamente motivadoras. Asimismo, Mitchell et al. (2020) señalan que estos elementos pueden influir en este tipo de motivación cuando se internaliza su valor. Esto difiere de los resultados del trabajo realizado por Mekler et al. (2017). Estos autores estudian de manera empírica el efecto aislado de puntos, insignias y tablas de clasificación sobre la motivación intrínseca. Obtienen que su efecto es nulo, aunque sí parecen ejercer como incentivos extrínsecos, incrementando el nivel de actividad de los participantes.

Hamari (2017) estudia el efecto que provoca la introducción de insignias en un sitio web que permite la creación de *marketplaces* colaborativos y llega a la misma conclusión. A través del estudio detecta que este tipo de elemento afecta de manera positiva al número de propuestas comerciales, transacciones y comentarios que realiza cada usuario, así como al número de visualizaciones que reciben las páginas de cada usuario. Es decir, las insignias incrementan el nivel de actividad de los usuarios en la plataforma. Además, se obtiene una mejora en su productividad, calidad y socialización. Asimismo, la gamificación también puede lograr que una actividad sea percibida como más entretenida. De esta manera, los participantes disfrutan más de ella y se encuentran más motivados (Fitz-Walter et al., 2017).

Por otra parte, Deci y Ryan (2000) señalan que existen tres necesidades que influyen directamente en la motivación intrínseca, ayudando a mantenerla o incrementarla. Son la necesidad de autonomía, la necesidad de competencia y la necesidad de relacionarse, y también han sido analizadas en el contexto de la gamificación. Un ejemplo de ello es el estudio empírico llevado a cabo por Sailer et al. (2017). En él, examinan la relación entre varios elementos del juego y estas tres necesidades. Concluyen que las insignias, tablas de clasificación y gráficos de rendimiento pueden facilitar la satisfacción de las necesidades de competencia y autonomía de los jugadores, al aportar significado a los niveles y a las misiones del juego. Además, los avatares, la narrativa y los compañeros están vinculados con la satisfacción de la necesidad de relaciones sociales. Sin embargo, los resultados no sostienen que estos tres elementos puedan cubrir la necesidad de autonomía, como apuntaba la hipótesis inicial.

A partir de otro estudio, Wee y Choong (2019) obtienen que los avatares también están vinculados a la necesidad de autonomía, así como las estructuras flexibles que permiten al usuario decidir cómo se desarrolla la experiencia. Además, afirman que los retos, la retroalimentación, la narrativa y la demarcación de fechas límites ayudan a cubrir la necesidad de competencia. En cuanto a la necesidad de relacionarse, se encuentra relacionada con la competición, la cooperación y la comunicación entre los participantes.

Cabe señalar que existen trabajos que señalan que la gamificación actúa de manera contraproducente y disminuye la motivación y el rendimiento de los individuos (p. ej. Hanus y Fox, 2015). Pero esto no implica que la gamificación no sea efectiva. Song et al. (2017) señalan que su efecto puede variar en función de las características del sujeto que participe en la actividad. De su estudio se desprende que los resultados de las experiencias gamificadas pueden depender de las condiciones sociales que las rodean. En concreto, se puede asociar de manera positiva con el establecimiento de interacciones entre usuarios y la comparación entre ellos. Aunque la experiencia debe ser diseñada con cautela, ya que si existe una alta presión, la competencia puede reducir la motivación intrínseca (Featherstone y Habgood, 2019).

Alsawaier (2018) añade que también influyen sobre la eficacia del diseño el contexto en el que se aplica y las características de los responsables y los usuarios. Respecto a estos últimos, señala que los resultados pueden diferir entre individuos con distinta experiencia o predisposición, entre otros factores. Asimismo, también se debe considerar los distintos tipos de jugador a la hora de establecer un diseño gamificado que persiga una determinada motivación. En referencia a ello, Kocadere y Çağlar (2018) analizan cómo influyen varios elementos y mecánicas sobre los diferentes tipos de jugador propuestos por Bartle (1996). Apuntan que cada tipo de jugador se siente atraído por distintas mecánicas y que los elementos que las desencadenan también dependen de la categoría a la que pertenezca el usuario. Por ejemplo, los niveles desencadenan una mecánica de progreso si el usuario pertenece a la categoría de triunfadores o exploradores. Es decir, si su principal objetivo en el juego es conseguir logros o conocer la plataforma. En cambio, si el sujeto posee características propias de la categoría de ambiciosos —cuya prioridad es imponerse ante los rivales—, los niveles conducen a una mecánica de estatus (Kocadere y Çağlar, 2018). Esto sugiere que el efecto que provoca la motivación de un determinado diseño gamificado también depende del tipo de jugador que participe en la experiencia.

Capítulo 4 *Crowdsourcing* gamificado

4.1 Introducción

Tanto el *crowdsourcing* como la gamificación son técnicas de las que puede hacer uso la Educación Superior para motivar a las nuevas generaciones de estudiantes. Sus posibilidades de aplicación no tienen límites y surgen de forma continua nuevas formas de empleo en este y otros sectores. Asimismo, de manera reciente se ha comenzado a estudiar la unión de ambas, dando lugar al *crowdsourcing* gamificado. En estos sistemas, la gamificación ejerce como incentivo. Mediante esta técnica se pretende crear experiencias de *crowdsourcing* que sean intrínsecamente motivadoras (Koivisto y Hamari, 2019). Es decir, que atraigan la participación por cómo son en sí mismas.

Tal es el potencial del *crowdsourcing* gamificado que es empleado en campos muy dispares. Por ejemplo, pueden ser utilizado como herramienta de *marketing* dentro de la empresa (Pacauskas et al., 2018) o para crear una comunidad que ayude a resolver dudas en contextos muy específicos, como la programación informática (Penoyer et al., 2018). Sin embargo, su uso aún no se ha extendido al ámbito de la Educación Superior. En el contexto universitario se buscan de manera constante nuevas metodologías que motiven a los estudiantes y el *crowdsourcing* gamificado es una alternativa para ello. A través de este instrumento se pueden organizar eventos educativos que fomenten la creatividad de los estudiantes, creando espacios que permitan la transferencia de conocimiento y el impulso de la innovación. Además, el *crowdsourcing* gamificado tiene lugar a través de plataformas digitales, lo cual favorece el desarrollo de habilidades en las nuevas tecnologías. La capacidad de actuar en entornos digitales es uno de los requisitos que demanda el actual mercado laboral (Oberländer et al., 2020). Por tanto, este recurso no solo ayuda a dar visibilidad a la creatividad de los alumnos al ponerlos en contacto entre ellos y difundir sus creaciones a través de la red, sino que también permite formar a los profesionales del futuro.

Su escasa implantación en la Educación Superior se puede deber al desconocimiento que se posee acerca de esta metodología. Para poder recurrir a ella y hacerlo de forma efectiva, resulta esencial conocer cómo funciona. Por ello, este capítulo se dedica al análisis de los sistemas de *crowdsourcing* gamificado, vistos como una herramienta para la organización de eventos educativos que potencien la creatividad de los estudiantes. Como se ha comentado en el capítulo 2, el *crowdsourcing* brinda la oportunidad de crear eventos sin importar la localización de sus participantes gracias a las nuevas tecnologías digitales. Esto, unido a la capacidad de la gamificación para motivar y lograr el compromiso del público, hace del *crowdsourcing* gamificado un potente instrumento para crear eventos educativos exitosos de gran alcance y participación.

A continuación, se exponen en primer lugar cómo son, de manera general, los diseños gamificados en este tipo de actividades. De manera más precisa, se comenta qué elementos se suelen emplear y cómo es su efectividad según los estudios publicados en los últimos tiempos. Tras ello, se analiza el funcionamiento teórico de estos sistemas. Bajo la óptica de la organización de eventos en Educación Superior, se describe cómo afecta la gamificación a los cuatro elementos fundamentales de un evento bajo la forma de *crowdsourcing*: participantes, convocantes, plataforma y tarea. Además, se comenta la relación con otras opciones de incentivos y por qué resulta recomendable incluir mecanismos de control en estas experiencias de *crowdsourcing* gamificado.

4.2 Diseños gamificados en el *crowdsourcing*

El hecho de que existan numerosas categorías de *crowdsourcing*, cada una con sus particularidades, unido al vasto conjunto de elementos disponibles para crear diseños gamificados, provoca que se puedan crear un gran número de combinaciones entre ambas. Esto supone que un sistema de *crowdsourcing* gamificado puede presentar numerosas características distintivas, haciendo que su diseño sea único. Ahora bien, resulta más recurrente encontrar algunos elementos de la gamificación en unos entornos que en otros. Asimismo, se gamifican de manera más frecuente determinados tipos de convocatorias. Por ello, resulta complicado realizar un análisis general de los diseños gamificados en el *crowdsourcing*. Para facilitar este cometido, se pueden clasificar las convocatorias en función de distintos criterios.

Una opción para analizar qué diseños gamificados se aplican en este contexto consiste en dividir estas iniciativas en función del nivel de complejidad de la tarea que solicitan ejecutar a la multitud. Atendiendo a este rasgo, se distinguen dos tipos: aquellas cuya labor es sencilla y otras en las que entraña mayor dificultad. En el primer caso, se emplean principalmente diseños sencillos basados en puntos, tablas de clasificación y, en menor medida, insignias (Morschheuser et al., 2017a). Es decir, cuando la labor no requiere un gran esfuerzo de los participantes se suele recurrir a la tríada PBL para motivarles. El más utilizado de los tres son los puntos (Morschheuser et al., 2017a). Lo cual resulta coherente ya que, además de proporcionar retroalimentación a los participantes, sirven como base para clasificarles en tabla de clasificación y como criterio para otorgar insignias cuando se acumula cierta cantidad de ellos (Albertazzi et al., 2019).

En lo referente a las tablas de clasificación, tienen la misma finalidad que el establecimiento de objetivos. Ante su presencia, los usuarios se fijan como meta alcanzar los puestos superiores (Landers et al., 2017). Asimismo, la tríada PBL resulta útil para reforzar un determinado comportamiento de los individuos. Ofrecidos como recompensa tras haber actuado de la manera deseada, facilitan que se vuelva a llevar a cabo en el futuro (Featherstone y Habgood, 2019). Aplicado al *crowdsourcing*, supone incentivar que se elabore otra aportación. Cuando la tarea es sencilla y carente de esfuerzo creativo, estos elementos parecen suficientes para motivar a los participantes. Este tipo de convocatorias son las más susceptibles a ser gamificadas (Morschheuser et al., 2017a). Esto cobra sentido si se tiene en cuenta que tan solo necesitan diseños básicos para fomentar la participación.

En cambio, cuando su complejidad aumenta puede resultar necesario emplear otros elementos de la gamificación para alcanzar este objetivo. Si la convocatoria requiere que la multitud dedique demasiado tiempo y esfuerzo en ella, la motivación derivada de la tríada PBL puede ser escasa para mover a los participantes. Estos pueden pensar que no recompensan el trabajo exigido (Zeng et al., 2017) y, como consecuencia, no contribuir en la iniciativa. Por otra parte, el estudio de Dissanayake et al. (2018) revela que en las actividades de *crowdsourcing* que solicitan soluciones innovadoras, los participantes con mejor rendimiento realizan el mayor esfuerzo cuando la convocatoria está llegando a su fin. En concreto, los individuos que ocupan las primeras posiciones de la clasificación esperan hasta el último momento para enviar sus contribuciones finales. Esto conduce a pensar que introducir fases o niveles en estas iniciativas puede aumentar su rendimiento. De esta manera, cada nivel fomenta que los participantes dediquen todo su esfuerzo (Dissanayake et al., 2018).

Otra opción consiste en emplear elementos que apelen al plano social de los individuos. Un ejemplo de aquellos que pueden ser empleados en el *crowdsourcing* es la posibilidad de crear equipos (Renard y Davis, 2019). Estos ayudan a que los participantes colaboren entre sí (Yen et al., 2019). También facilitan la exposición de sus miembros hacia el resto de participantes, aumentando su motivación para intervenir en la actividad (Dalpiaz et al., 2017). Otros ejemplos son la creación de roles o la retroalimentación entre usuarios (Dalpiaz et al., 2017).

Según à Campo et al. (2019), este tipo de diseños promueve la creación de comunidades virtuales. Estas pueden resultar útiles para la organización de eventos ya que se genera sentimiento de pertenencia entre sus miembros. Esto aumenta su fidelidad hacia la actividad e incentiva que participen de manera activa en ella (à Campo et al., 2019). Asimismo, según el estudio realizado por Morschheuser et al. (2017b), los juegos que pretenden que sus participantes cooperen pueden influir en la intención colectiva. Esto se debe a que suelen incluir rasgos como objetivos compartidos entre varios jugadores o facilitar la comunicación entre ellos. De esta forma, se refuerza el trabajo en equipo.

En todo caso, el análisis de los efectos de la gamificación en convocatorias de *crowdsourcing* que solicitan la realización de tareas complejas es todavía escaso. La literatura existente sugiere que, en estos casos, los elementos más recurrentes como puntos, insignias o tablas de clasificación pueden resultar poco efectivos (Zeng et al., 2017; Dissanayake et al., 2018). Pero no se han publicado estudios suficientes para poder afirmar qué elementos resultan más adecuados incluir en estas iniciativas.

4.3 Organización de eventos educativos mediante *crowdsourcing* gamificado

Del anterior epígrafe se desprende que la gamificación representa un recurso útil para el *crowdsourcing*. Su capacidad para motivar al público y modificar su comportamiento pueden ser aprovechadas para mejorar el atractivo de estas experiencias y lograr que la multitud participe y se comprometa con ellas. Esto resulta clave para organizar eventos exitosos ya que la comunidad que congregan representa su razón de ser. Más allá de la imprescindible labor llevada a cabo por sus organizadores y el resto de profesionales, los participantes y la audiencia son quienes hacen posible que estos tengan lugar (Raj et al., 2017).

Ahora bien, para poder diseñar experiencias de *crowdsourcing* gamificado que alcancen sus objetivos resulta necesario conocer cómo es su funcionamiento. Sin embargo, los académicos han dedicado poca atención al estudio del mismo, tanto en el contexto de la Educación Superior como de manera general, dando mayor importancia al análisis empírico de su eficacia (Morschheuser et al., 2017a). Por ello, se expone a continuación cómo puede ser aplicado el *crowdsourcing* gamificado para la creación de eventos que promuevan la creatividad de los estudiantes y den visibilidad a su talento. En concreto, se explica cómo se adaptan los cuatro pilares del *crowdsourcing* —convocante, plataforma, participantes y tarea— a la organización de estos proyectos incluyendo la gamificación en su diseño. Asimismo, se comenta la relación con otras opciones de incentivos y por qué resulta recomendable incluir mecanismos de control en ellos. A través de esta propuesta se pretende aclarar qué relaciones se establecen entre los distintos agentes que forman los sistemas de *crowdsourcing* gamificado y ayudar a comprender cómo funcionan estas actividades. Y, de esta manera, fomentar la creación de futuros eventos en el ámbito de la Educación Superior basados en esta metodología.

4.3.1 Convocante

El convocante de una actividad de *crowdsourcing* gamificado es, al igual que en el *crowdsourcing*, aquella empresa, institución, organización sin ánimo de lucro o persona individual que necesita resolver un problema y para hacerlo propone a la multitud la realización de una tarea voluntaria (Ghezzi et al., 2018). En consecuencia, cualquier entidad, como una facultad o la propia universidad, o un docente o grupo de docentes pueden aprovechar esta metodología y las ventajas que reporta para organizar un evento.

El *crowdsourcing* representa una opción para acceder de forma sencilla a la multitud con independencia del lugar en el que se encuentre, de una forma rápida y con bajo coste (Mansor et al., 2018; Wazny, 2018). De esta manera, la organización de eventos educativos se facilita. Esta labor suele consumir mucho tiempo, lo cual puede desincentivar a aquellos profesionales de la Educación Superior que deseen crear uno. Ya que, a pesar de ser conscientes de los beneficios que puede aportar este tipo de proyectos en la comunidad universitaria, no pueden dedicar el tiempo que requiere su planificación. Además, en este ámbito no siempre se poseen los recursos necesarios para llevar a cabo iniciativas de esta índole y se debe acudir en busca de financiación. Pero creándolas bajo la forma de *crowdsourcing* se elimina este obstáculo.

Asimismo, estas iniciativas ponen en valor la creatividad de los alumnos. Esta es desarrollada a la hora de ejecutar la tarea requerida y gracias a ellas se obtiene la solución al problema planteado a través del evento. De esta manera, los docentes u otros responsables de la Educación Superior pueden obtener recursos aprovechando el punto de vista de los estudiantes. Así se les hace partícipe en otros ámbitos universitarios más allá del aprendizaje.

Además, la introducción de la gamificación para fomentar su intervención en estos eventos también favorece a los organizadores. Esta técnica es empleada en este contexto para atraer a un mayor volumen de participantes y para mejorar su rendimiento en la actividad a partir de la motivación ejercida por los elementos del juego (Seaborn y Fels, 2015). Lo cual resulta clave para este tipo de iniciativas, ya que la consecución de sus objetivos está directamente ligado al volumen de individuos que intervienen en ellas y al número de aportaciones válidas recibidas (Daniel et al., 2018; O'Leary, 2019). Por todo ello, el convocante sale beneficiado al optar por el *crowdsourcing* gamificado. Además de disminuir el tiempo y el coste necesario para desarrollar el evento, incrementa su capacidad para fomentar la participación en él.

4.3.2 Plataforma

La plataforma de *crowdsourcing* resulta de gran interés para el desarrollo y organización de eventos educativos. Es el lugar donde tiene lugar la actividad, habitualmente un sitio web o aplicación móvil (Poblet et al., 2018). Para la Educación Superior, representa un espacio virtual en el que pueden interactuar sus miembros, favoreciendo el intercambio de puntos de vista y la generación de ideas. Este camino impulsa la innovación y da visibilidad a los estudiantes. Para ello, y como sucede en todas las iniciativas de *crowdsourcing*, se solicita a los participantes realizar una determinada tarea. Esta varía en función de los objetivos determinados en las bases del evento y la encargada de solicitar su ejecución es la plataforma (Hosseini et al., 2015).

Ahora bien, para conocer a qué participante pertenece cada contribución, resulta razonable requerir que se registren en ella de manera previa. De esta forma, se puede vincular cada idea a un usuario. En este paso se puede introducir un diseño gamificado y brindar la posibilidad de crear perfiles personales que pueden ser modificados por el propio participante. A través de esta representación virtual de sí mismos se les empodera, otorgándoles personalidad (Rounds et al., 2019; Wee y Choong, 2019). Además, los perfiles también facilitan la inmersión de los usuarios en la actividad y ejercen un efecto positivo sobre su motivación (Nebel et al., 2016; Rapp, 2017).

Dentro de ellos se pueden mostrar los logros que ha obtenido cada participante. Elementos de la gamificación como puntos o insignias tienen la capacidad de representarlos. Al hacerlos visibles para el resto de la comunidad, otorgan estatus al participante que los posee (Kavaliova et al., 2016). Esta es una forma de premiar a aquellos que muestran un mayor desempeño en el evento y comunicarlo al resto de sus miembros. Asimismo, esta puntuación puede servir como criterio para ordenarles en tablas de clasificación en función de sus méritos, ejerciendo el mismo efecto que las opciones anteriores (Blohm et al., 2018). La reputación que se deriva de esta medida fomenta el uso continuado de la plataforma, lo cual actúa en beneficio de la plataforma. Los usuarios participan para coleccionar más logros y obtener un alto estatus entre la comunidad (Feng et al., 2018). Pero para que esto resulte efectivo se deben emplear diseños gamificados que no sean demasiado complejos. En caso contrario, se puede desviar su atención y no realizar la actividad que propone el evento (Goh et al., 2017).

Los perfiles personales también pueden incluir avatares. Este elemento complementa los efectos sobre la motivación que ejercen los perfiles, apoyando de igual manera su inmersión en el evento (Rapp, 2017). Ayudan a otorgar una identidad a cada usuario y crean un sentimiento de pertenencia a la comunidad, reforzando su vínculo con la actividad (Annetta, 2010). Estos son algunos ejemplos de cómo se puede gamificar la plataforma de *crowdsourcing* para fomentar que se participe y se aporten ideas dentro de ella, pero no existe una lista cerrada de opciones. El convocante del evento puede recurrir a otros elementos como la narrativa para dotar de significado a toda la experiencia y hacer que sea más amena o los equipos para fomentar la colaboración entre los participantes (Hamari et al., 2018; Rapp, 2017).

4.3.3 Participantes

Organizar eventos en Educación Superior a través de *crowdsourcing* gamificado persigue, más allá de obtener una solución al problema planteado por su convocante, crear experiencias de aprendizaje enriquecedoras. Y esto lo consigue de distintas maneras. En primer lugar, estas convocatorias se desarrollan a través de Internet. Implicando a los estudiantes en ellas se desarrollan sus habilidades dentro del entorno digital. Para participar, deben elaborar sus aportaciones a través de las nuevas tecnologías y hacer uso de ellas para enviarlas a través de la plataforma. Este tipo de actividades fomenta que se desenvuelvan en su manejo, engrosando las capacidades adquiridas en la Educación Superior.

Por otra parte, al hacer uso de la gamificación se incentiva que participen en ellas. De esta manera se superan las reticencias que algunos alumnos muestran ante las nuevas metodologías de enseñanza a las que no están acostumbrados (Bald, 2018). El éxito de la gamificación en este contexto reside en su capacidad para crear experiencias que sean intrínsecamente motivadoras (Morschheuser y Hamari, 2019). Con ello se logra que los alumnos participen por cómo es la actividad en sí misma y mejoren su rendimiento dentro de ella (Seaborn y Fels, 2015). Esta motivación se encuentra vinculada a tres tipos de necesidades: las de autonomía, competencia y relacionarse (Deci y Ryan, 2000). Y a través de diseños gamificados adecuados se puede ayudar a satisfacerlas (p. ej. Przybylski et al., 2010; Sailer et al., 2017).

Para acertar a la hora de diseñarlas, los organizadores deben conocer qué motiva a los futuros participantes. Por ejemplo, Sailer et al. (2017) encuentran que los avatares y la narrativa son dos elementos de la gamificación relacionados con la necesidad de relacionarse. Por tanto, aquellos eventos que los incluyan atraerán a los individuos que persigan socializar mediante su intervención en la actividad, motivándolos de forma intrínseca a contribuir. Por otra parte, el estudio de Goh et al. (2017) señala que los puntos y las insignias ayudan a mejorar la satisfacción de las necesidades de autonomía y competencia de los participantes. Y añaden que también propician que las actividades sean percibidas como más divertidas y a elaborar aportaciones de mayor calidad.

Es decir, organizando estos eventos se propicia que los alumnos tengan cubiertas estas necesidades. Todo ello hace de los eventos organizados mediante *crowdsourcing* gamificado una herramienta útil en el contexto de la Educación Superior, capaz de formar y motivar a las nuevas generaciones de estudiantes.

4.3.4 Tarea

En un evento llevado a cabo bajo la forma de *crowdsourcing* gamificado, el organizador debe especificar qué tarea deben realizar los participantes (Hosseini et al., 2015). Al optar por esta metodología, se sitúa a los estudiantes en el centro del evento. No solo se da visibilidad a sus ideas, sino que estas representan el sustento de la actividad. El objetivo del *crowdsourcing* es obtener la solución a un problema a través de las contribuciones de la multitud (Hosseini et al., 2019). En este caso, las contribuciones surgen de la creatividad de los alumnos, quienes ven cómo su esfuerzo es valorado por los organizadores.

La complejidad que entraña la tarea y las habilidades que requiere para ser llevada a cabo condicionan el tipo de incentivo que se ofrece a cambio (Ghezzi et al., 2018; Lisek, 2018). En el caso de tareas sencillas, resulta usual el empleo de mecanismos que apelan a la competición (Lisek, 2018). Estos eventos, al poseer un diseño gamificado, pueden emplear elementos vinculados a ella, como los puntos, insignias y tablas de clasificación (Albertazzi et al., 2019).

Al tratarse de tareas de baja dificultad, se puede diseñar la mecánica del proyecto de tal manera que la obtención de estos elementos se vincule de manera directa con la ejecución de la tarea. Con ello, los alumnos reciben retroalimentación en forma de puntos o insignias tras contribuir en el evento. Lo cual brinda motivación para que vuelvan a intervenir en él (Featherstone y Habgood, 2019). Este diseño ayuda a que los participantes continúen aportando ideas a lo largo del tiempo ya que, cada vez que lo hacen, reciben motivación a través de la gamificación para volver a actuar dentro de la plataforma del evento.

En cambio, cuando la complejidad de la tarea aumenta, disminuye la efectividad de este diseño. En los eventos que requieren a los alumnos dedicar más tiempo y esfuerzo para ejecutar la labor, los sistemas de incentivos basados en puntos, insignias y tablas de clasificación pueden no resultar suficientes para motivarles. Estos pueden pensar que su obtención no recompensa la dedicación que exige la tarea (Zeng et al., 2017). Lo cual conduce al abandono del evento, perjudicando sus posibilidades de éxito.

En consecuencia, las tareas de mayor dificultad requieren idear otros mecanismos capaces de motivar a los estudiantes para lograr que participen. Una alternativa para ello es dividirla en actividades menos complejas para que los alumnos sientan que van a poder superarlas de manera adecuada. Esta división se lleva a cabo en las primeras fases de la organización del evento educativo. En concreto, durante la etapa de diseño (Thuan et al., 2017). Esto implica que los convocantes deben tener presentes las características de la futura tarea desde el inicio de su planificación. Si no, los mecanismos de incentivos empleados pueden resultar inservibles y ser incapaces de fomentar la participación.

Este diseño que vincula elementos del juego con las contribuciones propicia que se vuelva a intervenir en la actividad. Con ellos se retroalimenta a los estudiantes tras su participación. Así, se crea un intercambio en bucle entre la plataforma y los participantes, motivando con cada aportación la realización de nuevas contribuciones. Como muestra la figura 9 (p. 77), los eventos de *crowdsourcing* gamificado que incluyen este sistema de incentivos permiten una interacción prologada entre la plataforma y sus usuarios.

Por una parte, los participantes acceden a ella para aportar sus contribuciones. Por otra, la plataforma es capaz de influir sobre la motivación de los individuos a través de los elementos de la gamificación. De esta manera, su comportamiento se ve modificado, aumentando su nivel de participación o la calidad de sus aportaciones. Esto permite que la motivación se mantenga a largo plazo y, por tanto, que los participantes continúen contribuyendo a lo largo del tiempo. Asimismo, el diseño gamificado se puede completar con otros elementos que no estén vinculados de manera directa con la tarea, como la narrativa, para hacer que la experiencia sea más amena y motivar aún más a los estudiantes (Hamari et al., 2018).

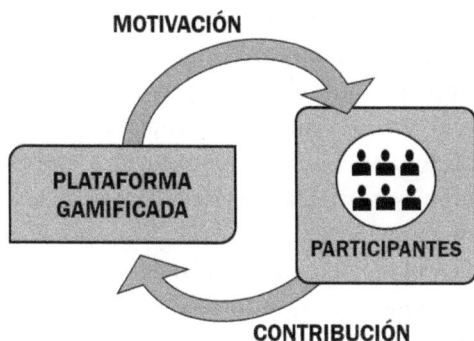

Figura 9: Bucle entre participación y motivación en el *crowdsourcing* gamificado. Fuente. Elaboración propia.

4.3.5 Introducción de otros incentivos

En los eventos educativos desarrollados bajo la metodología descrita, el sistema de incentivos se basa en la gamificación. Los resultados de distintos estudios señalan que esta técnica es suficiente para lograr que el público participe en ellos (p. ej. Komninos, 2019). Sin embargo, se puede reforzar su efecto mediante la introducción de otros incentivos. En el contexto del *crowdsourcing*, los más usuales son las recompensas monetarias (Talasila et al., 2016). Y, si el organizador lo desea y tiene capacidad para ello, pueden ser ofrecidas como aliciente complementario en estos eventos.

Las recompensas monetarias funcionan como motivador extrínseco (Cappa et al., 2019). Este tipo de incentivo resulta útil para fomentar un determinado comportamiento en el corto plazo ya que se relaciona con un aumento del nivel de actividad durante la primera fase de participación (Liu et al., 2017). La posibilidad de ganar un premio económico fomenta que el público se adentre en la convocatoria. Ahora bien, esto no es sostenible a largo plazo. Mantener este cambio de comportamiento a lo largo del tiempo resulta complicado. Cuando se elimina la recompensa, el interés de los individuos desaparece (Roth et al., 2015). Por tanto, se debe mantener la presencia de estos incentivos económicos para garantizar que los individuos realicen la tarea, lo cual aumenta el presupuesto dedicado a organizar el evento.

Pero, al combinarlo con la gamificación, este problema desaparece. Las recompensas monetarias actúan como elemento motivador en un primer momento. Captan la atención del público y ayudan a que tomen la decisión de participar en el evento. Tras ingresar en la plataforma, comienzan a recibir motivación a través del diseño gamificado. Y, si este es el adecuado, se consigue que continúen participando, aunque se elimine la posibilidad de obtener una recompensa monetaria por ello. Esto sucede porque la gamificación es capaz de influir sobre los estudiantes, haciendo que intervengan en la actividad por cómo es en sí misma (Kasurinen y Knutas, 2018).

Hay que señalar que existen tanto ejemplos de iniciativas que solo hacen uso de la gamificación como de otras que la combinan con incentivos monetarios y que en ambos casos las convocatorias se desarrollan con éxito (p. ej. Prandi et al., 2017; Prestopnik y Tang, 2015). Aunque, si se consigue provocar el mismo efecto motivador sin necesidad de ofrecer recompensas económicas, supone un ahorro para el organizador del evento. Esto se puede lograr creando diseños gamificados que ejerzan efectos sobre los dos tipos de motivaciones, extrínseca e intrínseca. Para ello, se pueden incluir elementos que sean capaces de influir sobre ambas, como, por ejemplo, las tablas de clasificación (Hajarian et al., 2019).

De esta manera, se reduce el presupuesto necesario para lanzar la convocatoria y el convocante sale beneficiado al obtener el mismo resultado gastando menos recursos. No obstante, existen algunos detractores a esta postura. Unos de ellos son Wu et al. (2018), quienes recomiendan combinar el diseño gamificado con incentivos monetarios para aumentar el interés de los participantes y asegurar la calidad de sus contribuciones; o Howcroft y Bergvall-Kåreborn (2019), que puntualizan que, al menos, se deben otorgar recompensas económicas a los participantes con mayor talento.

Por otra parte, existen razones más allá de las recompensas monetarias que mueven a los individuos a contribuir en el *crowdsourcing* (Goh et al., 2017). Dos incentivos empleados en este contexto para fomentar la participación son la posibilidad de mejora de habilidades y el reconocimiento (Hosseini et al., 2015). Ahora bien, estos coinciden con algunos de los atractivos que ofrece la gamificación. A modo de ejemplo, los retos o desafíos son empleados en ocasiones como entrenamiento, capacitando a los individuos para que puedan realizar tareas más complejas (Barata et al., 2017). En cuanto al reconocimiento, este se puede otorgar a través de un sistema basado en puntos o insignias, entre otros (Vanolo, 2018). Por tanto, la gamificación representa una alternativa para ofrecer en estos eventos algunos de los incentivos que se ofrecen de manera usual en el *crowdsourcing*.

4.3.6 Mecanismos de control

Emplear la gamificación en eventos de *crowdsourcing* aporta muchos beneficios, pero también puede suponer riesgos. La finalidad de esta técnica es fomentar que los alumnos participen y se esfuercen al elaborar sus aportaciones. Sin embargo, un mal diseño puede desencadenar una modificación en su comportamiento contraria a los objetivos perseguidos a través de la convocatoria. Esto sucede cuando se envían de manera consciente contribuciones que no son válidas tan solo para obtener el incentivo que se ofrece.

Por ejemplo, algunos individuos actúan en este tipo de entornos con el único objetivo de acumular el mayor número de logros posible (Bartle, 1996). En este caso, un diseño basado en puntos o insignias que premien a los individuos tan solo por contribuir en el proceso sin revisar la calidad de su tarea, podría tener un efecto no deseado. Con la finalidad de conseguir más recompensas, algunos participantes pueden realizar la tarea de forma que su contribución no tenga validez para el organizador (Chen et al. 2018). Si esto ocurre, el convocante obtiene un gran volumen de aportaciones inservibles, afectando a la efectividad del proyecto. Para prevenirlo se pueden establecer distintos mecanismos de control.

Como se ha comentado en el capítulo dedicado al *crowdsourcing*, estos mecanismos se pueden introducir durante tres fases del proceso: antes, durante y después de la realización de la tarea (Neto y Santos, 2018). Algunas medidas que se toman durante la fase previa, como el establecimiento de pruebas que deben ser superadas por los aspirantes para poder participar en el evento y la impartición de formación, pueden no ser suficientes cuando los incentivos son ofrecidos a través de la gamificación. Resultan beneficiosas para algunas iniciativas, como aquellas cuya tarea entraña un nivel de especialización muy elevado y requiere la participación de individuos con unos conocimientos y habilidades específicos (Göritz et al., 2019). Sin embargo, no garantizan que los participantes no actúen de manera indeseada durante el desarrollo del evento.

Una posible solución reside en el diseño de la tarea. Durante esta etapa, se puede recurrir a un proceso de diseño iterativo como el propuesto por

Featherstone y Habgood (2019). Estos autores sugieren que, tras definir la tarea, se establezca un estándar de eficiencia o calidad. Tras ello, se debe decidir si las contribuciones serán supervisadas por otros individuos o de manera automatizada y, por último, se comprueba que los participantes no puedan engañar al sistema. En caso de que existan fallos y estos mecanismos puedan ser burlados, se define de nuevo la tarea y se repite el proceso. De esta manera, los estudiantes solo son recompensados si su aportación posee la calidad mínima exigida.

Durante el desarrollo de la actividad, existe la opción de establecer normas que se deben cumplir mientras se lleva a cabo la tarea para que la labor sea válida (Neto y Santos, 2018). Si este mecanismo se diseña de forma adecuada, se previene que los participantes que solo desean una alta puntuación actúen en su propio interés y que su contribución sea inservible. Ahora bien, también puede suceder que la plataforma de *crowdsourcing* permita la comunicación entre los miembros de la comunidad y que un grupo decida realizar la tarea de manera conjunta, enviando cada integrante la misma solución (Chen et al., 2018). En este caso, a pesar de ser válida la aportación, se recibe de manera multiplicada. Esto afecta a la calidad de los resultados del evento y puede aumentar sus costes (Chen et al., 2018).

Por último, cuando el evento educativo finaliza, se pueden introducir los siguientes mecanismos: revisar de manera individual cada aportación, procesarlas informáticamente, agregarlas para obtener una única solución o crear una segunda actividad de *crowdsourcing* para que la propia comunidad universitaria decida mediante sus votos qué idea es la ganadora (Neto y Santos, 2018). Si el diseño gamificado que se ha implantado contiene un sistema de recompensas que se otorgan tras realizar la tarea, estos deben ser asignados cuando las aportaciones hayan superado estos filtros. En caso contrario, los mecanismos de control de la última fase no prevendrán de comportamientos contrarios a los intereses de la actividad.

El esquema del funcionamiento de los eventos basados en sistemas de *crowdsourcing* gamificado que se acaba de exponer se muestra en la figura 10 (p. 82). En él se muestra que en el *crowdsourcing* gamificado, los elementos del juego pueden estar alojados en el entorno de la plataforma en la que se desarrolla la actividad. De esta manera, además de proponer la realización de la tarea, la plataforma también se encarga de brindar motivación a través del diseño gamificado.

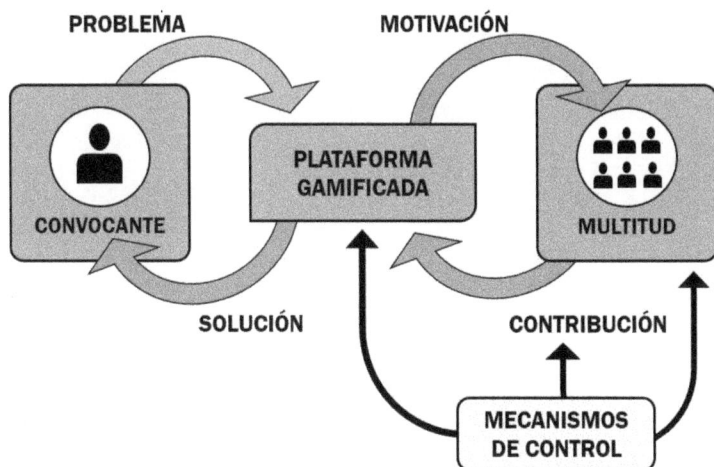

Figura 10: *Crowdsourcing* gamificado. Fuente. Elaboración propia.

Con ello se fomenta que los alumnos participen y que mejore la calidad de sus aportaciones. Estos cambios en el comportamiento actúan a favor del objetivo final del evento: crear una experiencia enriquecedora, dando visibilidad a la creatividad de los estudiantes y obteniendo recursos a partir de ella. Asimismo, determinados diseños pueden facilitar que la participación se mantenga a lo largo del tiempo. En concreto, si se vincula la asignación de determinados elementos como puntos a la ejecución de la tarea, se incentiva que se vuelva a contribuir dentro de la plataforma. Ahora bien, este tipo de diseño puede ser arriesgado y actuar en detrimento de la convocatoria si no se establecen los mecanismos de control adecuados que velen por la calidad del evento.

Capítulo 5 Caso Práctico: #ECOTUBEX2018

5.1 Introducción

#ECOTUBEX2018 es una iniciativa de *crowdsourcing* gamificado bajo la forma de concurso desarrollada en el ámbito de la Educación Superior. Se trata del I Certamen de Creación de Contenidos en YouTube de Economía y Empresa organizado por la Facultad de Ciencias Económicas y Empresariales de la Universidad de Extremadura, el Grupo de Investigación de Análisis Económico y Dirección de Marketing (AEDIMARK R&D Group) y el Canal de YouTube JE SUIS ECONPLUS (https://www.youtube.com/c/JESUISECONPLUS_OFFICIAL) (Figura 11).

En este epígrafe se exponen, en primer lugar, distintos aspectos referentes al certamen. En concreto, se detalla con qué objetivo se creó, cómo se llevó a cabo su comunicación, qué premios se ofrecieron, quiénes formaban el jurado, quiénes colaboraron en él y qué participación logró. Asimismo, se explica su desarrollo a través de sus distintas fases. Tras ello, se analiza su funcionamiento como un sistema de *crowdsourcing* gamificado a través de la óptica propuesta en el capítulo anterior.

Figura 11: Cartel de #ECOTUBEX2018. Fuente. #ECOTUBEX2018.

5.2 Certamen #ECOTUBEX2018

Objetivo

A través de #ECOTUBEX2018 se ha perseguido un doble objetivo. Por una parte, promover la creatividad de las nuevas generaciones de estudiantes interesados en Economía y Empresa, dando visibilidad a su talento y favoreciendo el uso de las nuevas tecnologías. Por otra, generar y difundir material audiovisual de alta calidad relacionado con los estudios superiores de Economía y Empresa. Estos son los dos problemas que se presentaban ante los organizadores de esta iniciativa (p. ej.., los convocantes). Para resolverlos, se optó por crear una actividad de *crowdsourcing* gamificado: #ECOTUBEX 2018. Para alcanzar dichos objetivos, resulta necesario recopilar, de manera previa, el talento disperso de los estudiantes. Sobre esta idea se construyó el certamen. A través de la convocatoria se proponía la participación mediante la creación de un vídeo referente al ámbito de la Economía y la Empresa. Además, en fases posteriores se incentivó que fuesen los propios estudiantes quienes favorecieran el mayor número de visualizaciones posibles de sus vídeos. Gracias a la labor que llevaron a cabo, esta actividad logró los objetivos planteados por los organizadores del certamen. Asimismo, su diseño gamificado contribuyó a alcanzar el éxito, motivando a los participantes durante todo el desarrollo del certamen.

Comunicación y alcance

La primera función que se llevó a cabo fue la de comunicación, con la intención de atraer al mayor número de participantes posible. Esta debía captar su atención y, a su vez, especificar la tarea que tendrían que realizar para contribuir en el proceso. Para ello, los organizadores se sirvieron de las plataformas digitales que muestra la tabla 4 (p. 85).

Tabla 4: **Plataformas digitales utilizadas para la comunicación de #ECOTU-BEX2018**

Sitio web de la Facultad		https://ecouex.es/ecotubex/
Perfiles en redes sociales	Twitter	https://twitter.com/jesuiseconplus
	Facebook	https://www.facebook.com/jesuiseconplusofficial
	Instagram	https://www.instagram.com/jesuiseconplus
	LinkedIn	https://linkedin.com/in/jesuiseconplus
Canal de YouTube JE SUIS ECONPLUS		https://www.youtube.com/c/JESUISECONPLUS_OFFICIAL

Fuente. Elaboración propia.

#ECOTUBEX2018 tuvo una notable repercusión en medios. La convo-
catoria fue recogida en el portal Universia (véase https://bit.ly/2P0hgEq).
Esta es la red universitaria de referencia para Iberoamérica. Está formada
por 1347 universidades, representando casi 20 millones de profesores y
estudiantes (http://www.universia.net). Asimismo, apareció como noticia
destacada en Google, así como en prensa local y nacional, y agencias de
comunicación a nivel nacional e internacional. También fue comunicada
de manera directa a los más de 20 000 estudiantes de la Universidad de
Extremadura, a los 83 rectores de las universidades españolas de Economía
y Empresa, a los 200 participantes de la I Conferencia en Transformación
Digital y Creatividad en Educación Superior (véase https://bit.ly/2D2jEFY)
y a través de la red de contactos internacionales de la Universidad de Extremadura en América Latina, Estados Unidos, Asia y Europa.

Premios

En la fase de diseño de #ECOTUBEX2018, se ofrecía un primer premio
consistente en 500 euros y un segundo reconocimiento, de 250 euros. Asimismo, se contemplaba la posibilidad de otorgar tantos accésits adicionales —sin valoración económica— como el jurado considerase oportunos,
atendiendo a la calidad de los vídeos recibidos. La existencia de recompensas monetarias afecta de manera positiva a la confianza que depositan los
individuos en el proceso y, de manera indirecta, a la participación en él (Ye
y Kankanhalli, 2017).

Jurado

Este reunió una mezcla de diversos perfiles, estando formado por dos direc-
tores de Santander Universidades y Universia, dos *youtubers* e *influencers*
con más de 2.5 millones de seguidores en la plataforma YouTube y más
de 260 millones de visualizaciones acumuladas, una directora de proyectos digitales de Shackleton, uno de los principales grupos de publicidad y
comunicación en España (https://www.shackletongroup.com), cinco profesores de la Universidad de Extremadura con una media más de 20 años
de experiencia académica en el ámbito de la Economía y la Empresa y dos
representantes de Educación y Empleo del Gobierno Regional de Extremadura (véase https://bit.ly/2OTwtac). La figura 12 (p. 87) muestra el cartel
empleado para informar acerca de qué miembros constituían el jurado del
certamen.

Figura 12: Jurado de #ECOTUBEX2018. Fuente. #ECOTUBEX2018.

Colaboradores

#ECOTUBEX2018 contó con la colaboración de la Unión Europea a través del Fondo Europeo de Desarrollo Regional (FEDER), la Junta de Extremadura, Universia y la Universidad de Extremadura. La asociación de un alto estatus al convocante fomenta la participación ya que, gracias a ella, aumenta la confianza que la multitud deposita en una convocatoria de *crowdsourcing* (Pollok et al., 2019). Por tanto, la colaboración de estas instituciones también puede influir en el mismo sentido, mejorando la percepción de los estudiantes acerca del certamen y, como consecuencia, atraer a un mayor número de ellos.

Participación

Todo ello facilitó que el certamen fuese todo un éxito con más de 150 participantes, 60 vídeos recibidos y casi 50 000 visualizaciones en el canal de YouTube JE SUIS ECONPLUS, donde se alojaron los vídeos.

Desarrollo

El certamen se estructuró en las siguientes fases:

Fase 1. Envío de vídeos.
Fase 2. Preselección de los mejores vídeos.
Fase 3. Publicación de los vídeos seleccionados.
Fase 4. Las Batallas de #ECOTUBEX2018.

Fase 5. Proclamación de los 5 vídeos finalistas.
Fase 6. Elección de los ganadores.
Fase 7. Acto de Entrega de Premios.

Tras la recopilación de los vídeos enviados por los participantes (Fase 1), se preseleccionaron los mejores atendiendo a criterios tanto técnicos como de creatividad y originalidad (Fase 2). La responsabilidad de esta tarea recayó sobre el jurado del certamen. De manera posterior, se procedió a su publicación en el canal de YouTube JE SUIS ECONPLUS (https://bit. ly/2uSUghm) en la Fase 3.

A continuación, se seleccionaron los cinco vídeos finalistas. En este caso, el responsable de tomar dicha decisión no fue el jurado sino la multitud. Esta Fase se denominó "Las Batallas de #ECOTUBEX2018". En ella, los vídeos compitieron por obtener el mayor número de visualizaciones dentro del canal de YouTube (véase https://bit.ly/2UpzEMU). Los propios participantes fomentaron la difusión de sus vídeos, puesto que el requisito para llegar a la última fase era ser uno de los cinco con más visualizaciones. Las Batallas tuvieron lugar a lo largo de un mes. A su fin, se comunicó cuáles fueron los más vistos (Fase 5) y, por tanto, se convertían en finalistas del certamen (véase https://bit.ly/2v18CfX). Lo cual fue también proclamado a través del canal de YouTube y de otros medios.

Por último, el jurado decidió cuáles de ellos resultaron ganadores (Fase 6), lo cual se reveló en el Acto de Entrega de Premios en la Fase 7 (véase https://bit.ly/2UHJsBf) (Figura 13, p. 89). Al comienzo del Acto, se impartió una conferencia a cargo de un antiguo alumno de la Facultad de Ciencias Económicas de la Universidad de Extremadura que en la actualidad ocupa el puesto de director de la División de Análisis Económico de la Autoridad Independiente de Responsabilidad Fiscal española (AIReF) (http://www. airef.es).

AIReF es la Institución Fiscal Independiente española (IFI) y vela por la sostenibilidad de las finanzas públicas, garantizando la estabilidad en los presupuestos de las Administraciones Públicas españolas. La creación de organismos independientes que lleven a cabo esta labor se ha generalizado a nivel mundial en los últimos años, surgiendo redes de IFI. En particular, AIReF forma parte de la Red de Instituciones Fiscales Independientes de la Unión Europea (https://www.euifis.eu) y de la Red

Figura 13: Cartel Acto de Entrega de Premios de #ECOTUBEX2018. Fuente. #ECOTUBEX2018.

de la OCDE de Funcionarios Parlamentarios Presupuestarios e Instituciones Fiscales Independientes (http://www.oecd.org/governance/budgeting/oecdnetworkofparliamentarybudgetofficialspbo.htm). Tras la conferencia, se proyectaron los vídeos finalistas para, a continuación, desvelar cuáles eran los ganadores.

Un aspecto reseñable del certamen es que se desarrolló en su totalidad de manera *online*. Un rasgo de las iniciativas de *crowdsourcing* es que necesitan Internet para ser llevadas a cabo (Estellés y González, 2012). En el caso de #ECOTUBEX2018, la comunicación, la participación y la interacción con el jurado y las votaciones se realizaron de manera digital. Esto no solo facilitó la consecución de los dos objetivos de la iniciativa —dar visibilidad al talento de los estudiantes fomentando su creatividad y generar y difundir material audiovisual de calidad relacionado con los estudios superiores de Economía y Empresa—, sino que también favoreció el uso de las nuevas tecnologías tanto por los organizadores y colaboradores del certamen como, sobre todo, por los destinatarios últimos del mismo. La adquisición de estas competencias y destrezas digitales por parte de los estudiantes determinarán su empleabilidad y desarrollo personal en el entorno profesional actual. Por tanto, a través del certamen se apoyó la consecución de dichas competencias por parte de los estudiantes.

5.3 #ECOTUBEX2018 como sistema de *crowdsourcing* gamificado

5.3.1 Elementos del *crowdsourcing*

- **Convocante.** La Facultad de Ciencias Económicas y Empresariales de la Universidad de Extremadura, el Grupo de Investigación de Análisis Económico y Dirección de Marketing (AEDIMARK R&D Group) y el Canal de YouTube JE SUIS ECONPLUS.
- **Plataforma.** Dadas las particularidades de la iniciativa, se optó por una plataforma digital híbrida. Esta estaba formada por una sección dentro del sitio web de la Facultad de Ciencias Económicas y Empresariales de la Universidad de Extremadura (https://ecouex.es/ecotubex/), el canal de YouTube JE SUIS ECONPLUS (https://www.youtube.com/c/JESUISECONPLUS_OFFICIAL) y perfiles creados en diversas redes sociales (Instagram, Facebook, Linkedin y Twitter). A cada una se le asignaron distintas funciones necesarias para llevar a cabo esta actividad de *crowdsourcing*. A modo de ejemplo, el sitio web de la Facultad se dedicó principalmente a la comunicación del certamen y el canal de YouTube, a la difusión de los vídeos seleccionados.
- **Participantes.** La participación en el proceso estaba abierta a todos los estudiantes de Educación Superior. Aquellos que lo deseasen, podían participar de manera directa a través de la creación de vídeos. Asimismo, existe otro grupo de individuos que apoya la consecución del objetivo. Se trata de aquellos que visualizan los vídeos, quienes participan de forma inducida en el proceso.
- **Tarea.** La tarea principal que deben llevar a cabo los participantes directos consiste en el envío de vídeos inéditos referentes al ámbito de la Economía y la Empresa. Para lograr dar visibilidad a su talento y creatividad, los convocantes del certamen requieren recopilar la materialización del mismo en formato audiovisual. Además, los participantes deberán realizar otra labor en una fase posterior del certamen: intentar lograr que su vídeo obtenga el mayor número de visualizaciones posible.

La figura 14 representa el certamen de #ECOTUBEX2018 como un sistema de *crowdsourcing*:

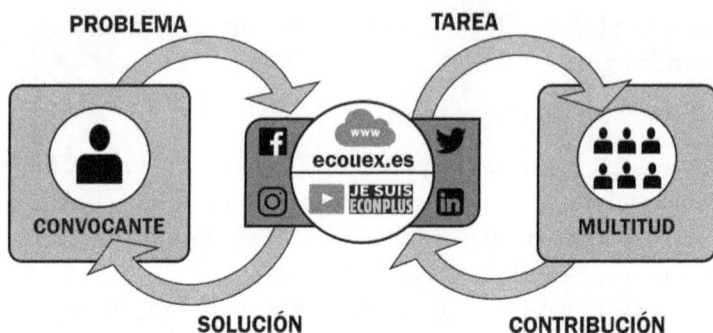

Figura 14: Sistema de *crowdsourcing* de #ECOTUBEX2018. Fuente. Elaboración propia

Los distintos elementos representados en la figura son los citados con anterioridad. Desde esta perspectiva, los estudiantes debían llevar a cabo las tareas mencionadas para lograr los objetivos fijados por los convocantes. También recoge las relaciones que se establecen y pone de manifiesto el papel de la plataforma como nexo entre ambos agentes.

5.3.2 Elementos de la gamificación

En el diseño de #ECOTUBEX2108 se empleó un diseño gamificado. Una de las posibles aplicaciones de la gamificación es la división de una experiencia en varias tareas o niveles con objetivos definidos, lo cual facilita la consecución de los mismos (Koivisto y Hamari, 2019). En el caso del certamen, estas recibieron el nombre de Fases. Asimismo, en algunas de ellas se introdujeron otros elementos de la gamificación, los cuales son:

Fase 1. Envío de vídeos
Para participar en el certamen, se podían elaborar los vídeos a título individual o en grupos formados por un máximo de cinco estudiantes. Los equipos son un elemento de la gamificación y, dentro de una actividad de *crowdsourcing*, permitir que sean los propios participantes quienes decidan si desean contribuir en el proceso solos o junto a otros individuos, además de promover las relaciones sociales, puede ayudar a lograr el éxito de la iniciativa (Pacauskas et al., 2018). En cuanto a la elaboración de los vídeos,

se estableció en las bases del certamen que estos debían incluir una secuencia obligatoria a su inicio que mostrase los nombres de los participantes. La exposición de sus nombres se encuentra vinculada con la influencia social. Esta, junto con la oportunidad de expresar la propia creatividad, representan dos de las motivaciones intrínsecas que propician la participación en el *crowdsourcing* (Ghezzi et al., 2018). Por último, se estableció una fecha límite para el envío de vídeos. En concreto, esta fase finalizaba el día 23 de abril de 2018. El establecimiento de un plazo también forma parte del diseño gamificado del certamen. Esta mecánica ayuda a incrementar el rendimiento de los participantes (Dissanayake et al., 2018).

Fase 4. Las Batallas de #ECOTUBEX2018

Las Batallas representan un reto en el cual los participantes se enfrentan por lograr el mayor número de visualizaciones de sus vídeos dentro del canal de YouTube. La introducción de esta mecánica en esta fase puede ayudar a volver a involucrar a los estudiantes en la actividad, obteniendo de nuevo su compromiso con el certamen (Aldemir et al., 2018). Este reto requirió que los participantes difundiesen sus vídeos. Esta labor se encuentra relacionada con el empoderamiento, ya que son ellos quienes toman el control en esta fase del certamen. El acceso a la siguiente fase dependía de manera exclusiva del trabajo que realizasen, ya que solo resultarían vencedores los cinco vídeos con más visualizaciones. Esto aumenta la confianza de los participantes, incrementando su motivación para realizar la tarea (Eisingerich et al, 2019).

Por otra parte, las visualizaciones pueden entenderse como puntos: son acumulables y un mayor volumen significa un mejor rendimiento dentro de la actividad. A través de este elemento se proporciona *feedback* a los participantes y se les informa acerca de su nivel de desempeño, fomentando que continúen llevando a cabo la labor (Wee y Choong, 2019). Además, las visualizaciones fueron empleadas para ordenar en una tabla de clasificación a los vídeos que compitieron en esta fase. Las tablas de clasificación ayudan a incrementar el rendimiento de los participantes, quienes establecen como objetivo alcanzar el nivel más alto dentro de ella (Landers et al., 2017). Al igual que la Fase 1, en el diseño de Las Batallas también se incluyó una fecha límite. En particular, los participantes dispusieron de un plazo de un mes para obtener el mayor número de visualizaciones posible. La presión temporal puede servir como elemento motivador para lograr el compromiso de los usuarios, como en este caso, se lleva a cabo en el corto plazo (Baethge et al., 2018).

Fase 7. Acto de Entrega de Premios.

El resultado del certamen se desveló al final del Acto, generando un ambiente de intriga que desencadenó en sorpresa. Conocer quiénes eran los finalistas pero desconocer los ganadores ayudó a mantener la intriga, incrementándose el número de visualizaciones de los vídeos hasta el último momento. Esto es consecuencia del vínculo existente entre la influencia social y el mantenimiento de un determinado comportamiento (Hamari y Koivisto, 2015), que además se encontraba potenciado por la presencia de los finalistas en el Salón de Actos donde tuvo lugar el evento.

Por otra parte, durante el acto se empleó el *storytelling* o narrativa. Los premios fueron entregados por el encargado de la conferencia con la que daba comienzo el Acto. Su perfil de éxito profesional resulta inspirador para los participantes, ya que se trata de un antiguo alumno de la Facultad organizadora del certamen que ha conseguido ocupar un puesto de responsabilidad dentro de una importante institución pública como AIReF. En concreto, la narración de historias de éxito se encuentra relacionada con la motivación de los estudiantes, en especial si están protagonizadas por un *peer* (Liu et al., 2019).

Los ganadores, además de una recompensa monetaria, recibieron un diploma de manos del antiguo alumno. Este ejerce de insignia al representar de manera visual un logro (Buckley et al., 2018). El empleo de una pequeña variedad de estos elementos que entrañen una alta dificultad, como en este caso, ayuda a incrementar el rendimiento, dado que las recompensas perderían valor si existe un gran número de ellas (Groening y Binnewies, 2019).

5.3.3 Experiencia de *crowdsourcing* gamificado

#ECOTUBEX2018 integró este diseño gamificado con el fin de facilitar la consecución de los objetivos de la iniciativa: fomentar la creatividad dando visibilidad al talento de las nuevas generaciones de estudiantes de Educación Superior, favoreciendo el uso de las nuevas tecnologías, así como generar y difundir material audiovisual de calidad. El desarrollo del certamen como actividad de *crowdsourcing* gamificado es el siguiente:

En primer lugar, los organizadores plantearon el problema —convertido en convocatoria de *crowdsourcing* para ser solucionado— a través de las plataformas empleadas para la comunicación. Estas, actuando como nexo entre ellos y la multitud, encomendaron la realización de la tarea propia del *crowdsourcing*. En este caso, consistía en la realización del vídeo.

Ahora bien, para poder participar en el certamen, se estableció como requisito que los estudiantes rellenasen un formulario de manera previa (disponible en https://bit.ly/2LsZ5EX). El establecimiento de este mecanismo de control previo a la realización de la propia tarea de *crowdsourcing* tiene como objetivo la correcta selección de los aspirantes. Dado que la participación se restringió a estudiantes, se debía especificar a qué centro pertenecían y los datos de identificación del mismo, además de aceptar las bases del certamen.

Por otra parte, los vídeos tuvieron que cumplir una serie de requisitos (véase Bases del certamen en https://bit.ly/2LsZ5EX). A modo de ejemplo, se especificó un límite de duración (3 minutos) y una calidad de imagen mínima exigida (alta definición), entre otros. También tenían que contener tres secuencias al inicio de manera obligatoria: título del vídeo, carátula (disponible en https://bit.ly/2LsZ5EX) y nombres y apellidos del participante (o participantes, si se había elaborado en equipo). El objetivo común de estas medidas fue garantizar la calidad del material obtenido. Asimismo, el establecimiento de instrucciones precisas influye de manera positiva en la motivación de los individuos en la realización de tareas que requieren creatividad (Steils y Hanine, 2019). Es más, la introducción de la gamificación a través de la posibilidad de formar equipos, la influencia social y la existencia de una fecha límite en esta fase incentivaron la participación de un gran volumen de estudiantes. Para lograr promover la creatividad y dar visibilidad a su talento, resulta necesario recopilar de manera previa los vídeos que serán difundidos en fases posteriores. Por este motivo, se introdujeron estos elementos de la gamificación en la Fase 1. Con ellos se logró conseguir un gran volumen de participantes y, por tanto, de contribuciones.

Al final del plazo estipulado, los mejores vídeos fueron seleccionados. La responsabilidad de esta tarea recayó sobre el jurado, quien tomó la decisión atendiendo a criterios tanto técnicos como de creatividad y originalidad. Por tanto, el acceso al siguiente nivel o fase del certamen dependió de la evaluación de la tarea que los participantes habían realizado en la

Fase 1. Estos vídeos fueron publicados en el canal de YouTube JE SUIS ECONPLUS, uno de los componentes de la plataforma híbrida empleada en esta actividad de *crowdsourcing*. Las funciones que realiza en esta fase son el almacenamiento y la exposición de los vídeos.

Tras ello, dio inicio la segunda tarea que llevaron a cabo los participantes de esta iniciativa de *crowdsourcing*: conseguir que sus vídeos tuvieran un gran volumen de visualizaciones para convertirse en finalistas del certamen. En esta fase, denominada "Las Batallas de #ECOTUBEX2018", se emplearon distintos elementos de la gamificación. En particular, se sigue un formato de desafío que retaba a los participantes a conseguir el mayor número de puntos para después ser ordenados en una tabla de clasificación. Además, se estableció un plazo para llevar a cabo esta labor y se apoyaba su empoderamiento. En este caso, no se pretendió reclutar a un gran volumen de participantes como en la Fase 1 sino incentivar que difundieran los vídeos que habían creado. Es decir, a través de estos elementos se quiso lograr el compromiso de los estudiantes para que continuaran participando en el proceso mediante la realización de dicha tarea. Esto apoya de manera directa la consecución del objetivo consistente en dar visibilidad al talento de los estudiantes.

Al término de "Las Batallas de #ECOTUBEX2018", se comunicó cuáles eran los cinco vídeos que habían logrado más visualizaciones. Esta información se obtuvo de las estadísticas que ofrece YouTube. Si bien para la comunicación del certamen y de los resultados del mismo se emplearon todas las plataformas de *crowdsourcing* nombradas con anterioridad, para el procesamiento de las contribuciones en esta fase solo se utilizó la plataforma de YouTube.

Por último, el jurado decidió qué vídeo se alzaba ganador, dándolo a conocer en el Acto de Entrega de Premios. En ella se introdujeron el *storytelling*, la influencia social y las insignias. Los premios fueron entregados por un antiguo alumno de la Facultad organizadora. Él representa la figura en la cual se quieren convertir los actuales alumnos de la misma debido a su éxito profesional. La entrega del premio de manos del mismo le aporta mayor importancia a la recompensa.

La figura 15 (p. 98) muestra el funcionamiento de #ECOTUBEX2018 como una experiencia de *crowdsourcing* gamificado. Difiere del esquema

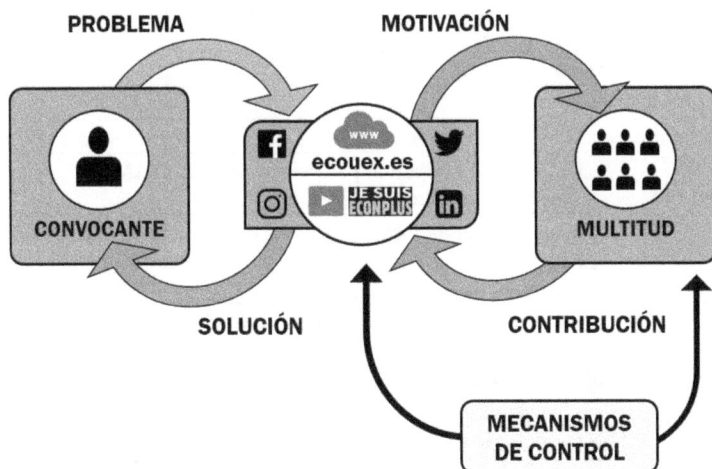

Figura 15: Sistema de *crowdsourcing* gamificado de #ECOTUBEX2018. Fuente. Elaboración propia.

del certamen visto como un sistema de *crowdsourcing* (Figura 14, p. 91) en la introducción del diseño gamificado, el cual repercute en la motivación de los estudiantes, en el desarrollo de la experiencia, y en la creación de mecanismos de control que velen por el éxito de la iniciativa. El uso de la gamificación en esta experiencia de *crowdsourcing* afecta sobre todo a su estructura. El certamen, como parte del diseño gamificado, se divide en niveles, ayudando a incrementar el desempeño de los participantes. Asimismo, algunos de estos niveles incluían elementos de la gamificación, como se ha comentado con anterioridad. Con ello se pretendió fomentar la participación y lograr el compromiso de los estudiantes.

Por otra parte, la obtención de material de calidad requiere que se establezcan unos mecanismos de control dentro del proceso. Estos se fijaron tanto antes de la realización de la tarea como de manera posterior. En primer lugar, a través del formulario de inscripción y de la aceptación de las bases y, con ello, los requisitos mínimos de calidad exigidos por la organización para el formato de los vídeos elaborados. Estos se detallan en la tabla 5 (p. 99). Respecto al control de las contribuciones recibidas, este pudo llevarse a cabo gracias a la labor realizada por el jurado en la Fase 2.

Tabla 5: Requisitos de los vídeos participantes en #ECOTUBEX2018

Duración máxima de 3 minutos	
Formato MP4	
Tres primeras secuencias obligatorias	Secuencia 1. Título del vídeo (letras en blanco, fondo en negro)
	Secuencia 2. "Carátula para vídeos del CERTAMEN" (disponible en https://bit.ly/2LsZ5EX)
	Secuencia 3. Nombres y apellidos del participante (si se elabora el vídeo a título individual) o de los integrantes del equipo (si se elabora el vídeo en equipo)
Idioma preferente: castellano. Podrán utilizarse también el portugués, inglés, italiano, francés y alemán, siempre y cuando los vídeos sean enviados con subtítulos integrados en castellano.	
Ausencia de errores conceptuales	
Utilización de bandas sonoras sin derechos de autor	

Fuente. Elaboración propia.

Por último, el certamen se desarrolló en una plataforma híbrida. Las funciones propias de la plataforma de *crowdsourcing* —como la comunicación entre los convocantes y la multitud, la recopilación de las contribuciones y su procesamiento— se repartieron entre las distintas partes que la formaban. Asimismo, esta plataforma híbrida actuó como canal de trasmisión de la motivación ejercida por el diseño gamificado, alojando a los distintos elementos en su entorno (por ejemplo, los puntos dentro del canal de YouTube).

Capítulo 6 Conclusiones y reflexiones finales

Este trabajo se ha elaborado con el objetivo de facilitar la comprensión y avanzar en el conocimiento que se tiene acerca del *crowdsourcing* gamificado, para fomentar el empleo de esta metodología para la organización de eventos que promuevan la creatividad de los estudiantes en el ámbito de la Educación Superior. Tras revisar la literatura referente a ambos términos en el segundo y tercer capítulo, se ha expuesto cómo se puede utilizar el *crowdsourcing* gamificado para la creación de eventos educativos en el cuarto capítulo. Además, se ha descrito bajo esta óptica el caso de #ECOTUBEX2018, un evento creado en el contexto universitario siguiendo esta metodología. En este último capítulo se exponen las principales conclusiones a las que se ha llegado a través de este trabajo y unas reflexiones finales al respecto.

La revolución digital ha impregnado todos los sectores de la sociedad, pero aún se plantea como un desafío para la Educación Superior. La implantación de herramientas digitales es todavía escasa en este contexto a pesar de los beneficios que pueden aportar (McFarlane, 2019). Por ello, sus instituciones deben encaminar sus esfuerzos hacia la transformación y adaptarse a esta nueva realidad. El *crowdsourcing* gamificado representa una herramienta de gran potencial para ello. En concreto, puede servir para crear eventos educativos de la manera descrita en este libro. Esta es una alternativa para que sus instituciones se adentren en la transformación digital, ya que se llevan a cabo a través de espacios virtuales.

De ello se derivan varias ventajas. En primer lugar, las plataformas digitales eliminan las barreras asociadas a la localización, permitiendo la participación desde cualquier lugar. Para acceder a estos eventos no es necesario desplazarse ya que hacen uso de Internet para desarrollarse. Gracias a ello se puede congregar a una comunidad más diversa. La ubicación deja de ser un obstáculo, facilitando el intercambio de ideas entre miembros que se encuentran presentes en sitios distantes. De esto se desprende que también ayudan a la internacionalización. Es decir, a través del *crowdsourcing* se pueden diseñar eventos que permitan la transferencia de conocimiento entre docentes y alumnos de distintos países, potenciando el enfoque global de la Educación Superior.

Además, la creación de eventos educativos a través de estas plataformas digitales permite dar voz a los estudiantes. Al solicitar sus contribuciones y exponerlas al resto de la comunidad, estas iniciativas fomentan y dan visibilidad a su creatividad. Lo cual resulta de gran importancia en la Educación Superior ya que así se les introduce dentro del proceso de innovación (Sharif, 2019). Las nuevas generaciones de alumnos pueden aportar un punto de vista distinto al del ámbito académico, ayudando mediante su originalidad a avanzar en el conocimiento. Asimismo, la sociedad actual espera que las instituciones de Educación Superior les eduquen en un ambiente de innovación, ya que esta representa la base para el desarrollo. Innovar es necesario para crear empresas competitivas y para lograr la eficiencia dentro del sector público (Keinänen y Kairisto-Mertanen, 2019). Introduciendo metodologías como la descrita en este libro se facilita que esto se logre.

Es más, estas comunidades digitales estimulan la creatividad de los estudiantes. La exposición de ideas propuestas por compañeros ejerce de inspiración y ayuda a desarrollar su talento, favoreciendo la generación de más ideas creativas y originales (Pi et al., 2018). La adquisición de esta habilidad representa uno de los retos del siglo XXI (Jules y Sundberg, 2018). La sociedad actual necesita individuos capacitados que puedan hacer frente a los nuevos retos que se presentan ante ella. En este contexto, la creatividad y la resolución de problemas se posicionan como habilidades claves. La creación de eventos a través de *crowdsourcing* gamificado ayuda a las instituciones de Educación Superior a dar respuesta a estas necesidades.

Ahora bien, los estudiantes pueden mostrar reticencias a participar en las actividades que proponen los nuevos métodos de enseñanza (Bald, 2018). No obstante, el diseño gamificado que incluyen estos eventos ayuda a solventar este problema. Esta técnica permite crear experiencias intrínsecamente motivadoras (Morschheuser y Hamari, 2019). De esta manera, se fomenta que decidan participar por cómo es la actividad en sí misma. La gamificación representa una herramienta con gran potencial para la educación y los eventos desarrollados bajo la forma de *crowdsourcing* aprovechan sus beneficios para incentivar a la comunidad y lograr culminar con éxito.

Por otra parte, esta metodología se encamina hacia algunas de las recomendaciones actuales dentro de la Educación Superior, abarcando capacidades más allá de los contenidos técnicos. Algunos ejemplos son el fomento de la colaboración, de la habilidad de comunicación y del pensamiento crítico (Mora et al., 2020). Estas resultan clave para formar a los profesionales del futuro. La Educación Superior es responsable de garantizar que sus alumnos poseen las habilidades necesarias para desenvolverse en el entorno cambiante actual y adaptarse a los nuevos retos y necesidades que plantea el mercado de trabajo (Hämäläinen et al., 2019). Y los eventos creados a través de *crowdsourcing* gamificado representan un recurso para ello. Por todo lo anterior, el *crowdsourcing* gamificado beneficia tanto a las nuevas generaciones de estudiantes, como a los organizadores de estos eventos dentro del ámbito universitario y a la sociedad en su conjunto.

La descripción del caso de #ECOTUBEX2018 ayuda a esclarecer la propuesta teórica. Este evento real llevado a cabo a través de *crowdsourcing* gamificado sirve de ejemplo para aquellos que deseen crear convocatorias similares. Conocer qué proceso siguen y cómo interaccionan sus elementos facilita el desarrollo de más eventos que, al igual que este, alcancen el éxito. Asimismo, #ECOTUBEX2018 incluye elementos de la gamificación más allá de los puntos, insignias y tablas de clasificación. Estos tres representan los más usuales, pero no siempre son los más efectivos (Armstrong y Landers, 2018; Zeng et al., 2017). En el ámbito académico existe una corriente que critica aquellos diseños sencillos que tan solo se basan en estos elementos y, en cambio, aboga por la introducción de otros menos empleados (p. ej. Beck et al., 2019).

Si bien el ejemplo de #ECOTUBEX2018 puede servir de inspiración para otros organizadores, su diseño no debe ser replicado. Los efectos de la gamificación dependen tanto del contexto de aplicación como de los usuarios de la experiencia (Hamari et al., 2014; Lopez y Tucker, 2019). Por ello, se recomienda no implantar un mismo diseño, aunque las características que lo rodeen sean similares (Cechetti et al., 2019). Este libro no recoge recomendaciones acerca de qué elementos introducir porque los estudios al respecto aún son escasos, impidiendo realizar afirmaciones al respecto. Para poder hacerlo se necesita que se continúe investigando acerca de este tema. Pero, en todo caso, dependerán de las características de los alumnos a los que vaya dirigida la experiencia. Por tanto, los organizadores de estos eventos deben analizar cómo son y qué rasgos los definen para crear experiencias que les motiven. Asimismo, se aconseja introducir mecanismos de control que velen por la calidad del evento. En estos entornos, puede suceder que un participante actúe en beneficio propio y perjudique a la iniciativa. Introduciendo estos mecanismos se previene que esto ocurra.

Por último, hay que señalar que en este libro se ha expuesto cómo se pueden adaptar estas iniciativas a la creación de eventos para potenciar la creatividad de las nuevas generaciones de estudiantes en la Educación Superior, pero esta no es la única opción de aplicación en este contexto. Los docentes y responsables de las instituciones pueden idear nuevos mecanismos basados en esta metodología para continuar con el proceso de transformación digital y crear experiencias motivadoras para los alumnos. Además, la tecnología continúa avanzando y estos eventos quizá puedan ser mejorados a través de innovaciones que se desarrollen en el futuro.

Referencias bibliográficas

à Campo, S., Khan, V. J., Papangelis, K., y Markopoulos, P. (2019). Community heuristics for user interface evaluation of crowdsourcing platforms. *Future Generation Computer Systems, 95*, 775–789.

Acar, O. A. (2019). Motivations and solution appropriateness in crowdsourcing challenges for innovation. *Research Policy, 48*(8), 103716.

Aitamurto, T. (2016). Crowdsourcing as a knowledge-search method in digital journalism: Ruptured ideals and blended responsibility. *Digital Journalism, 4*(2), 280–297.

Alam, S. L., y Campbell, J. (2017). Temporal motivations of volunteers to participate in cultural crowdsourcing work. *Information Systems Research, 28*(4), 744–759.

Albertazzi, D., Ferreira, M. G. G., y Forcellini, F. A. (2019). A Wide View on Gamification. *Technology, Knowledge and Learning, 24*(2), 191–202.

Aldemir, T., Celik, B., y Kaplan, G. (2018). A qualitative investigation of student perceptions of game elements in a gamified course. *Computers in Human Behavior, 78*, 235–254.

Alhammad, M. M., y Moreno, A. M. (2018). Gamification in software engineering education: A systematic mapping. *Journal of Systems and Software, 141*, 131–150.

Alsawaier, R. S. (2018). The effect of gamification on motivation and engagement. *The International Journal of Information and Learning Technology, 35*(1), 56–79.

Alqahtani, B. A., El-shoubaki, R. T., Noorwali, F. A., Allouh, D., y Hemalatha, M. (2017). Legal and Ethical Issues of Crowdsourcing. *International Journal of Computer Applications, 167*(10), 1–3.

Annetta, L. A. (2010). The "I's" have it: A framework for serious educational game design. *Review of General Psychology, 14*(2), 105–113.

Aparicio, M., Oliveira, T., Bacao, F., y Painho, M. (2019). Gamification: A key determinant of massive open online course (MOOC) success. *Information & Management*, 56(1), 39–54.

Armstrong, M. B., y Landers, R. N. (2018). Gamification of employee training and development. *International Journal of Training and Development*, 22(2), 162–169.

Azevedo, J., Padrão, P., Gregório, M. J., Almeida, C., Moutinho, N., Lien, N., y Barros, R. (2019). A Web-Based Gamification Program to Improve Nutrition Literacy in Families of 3-to 5-Year-Old Children: The Nutriscience Project. *Journal of Nutrition Education and Behavior*, 51(3), 326–334.

Baethge, A., Vahle-Hinz, T., Schulte-Braucks, J., y van Dick, R. (2018). A matter of time? Challenging and hindering effects of time pressure on work engagement. *Work & Stress*, 32(3), 228–247.

Bal, A. S., Weidner, K., Hanna, R., y Mills, A. J. (2017). Crowdsourcing and brand control. *Business Horizons*, 60(2), 219–228.

Lamb, J. (2018). To boldly go: Feedback as digital, multimodal dialogue. *Multimodal Technologies and Interaction*, 2(3), 49.

Barata, G., Gama, S., Jorge, J., y Gonçalves, D. (2017). Studying student differentiation in gamified education: A long-term study. *Computers in Human Behavior*, 71, 550–585.

Bartle, R. (1996). *Hearts, clubs, diamonds, spades: Players who suit MUDs*. Obtenido el 11 de junio de 2019 de http://mud.co.uk/richard/hcds.htm

Baruch, A., May, A., y Yu, D. (2016). The motivations, enablers and barriers for voluntary participation in an online crowdsourcing platform. *Computers in Human Behavior*, 64, 923–931.

Baucus, M. S., y Mitteness, C. R. (2016). Crowdfrauding: Avoiding Ponzi entrepreneurs when investing in new ventures. *Business Horizons*, 59(1), 37–50.

Beck, A. L., Chitalia, S., y Rai, V. (2019). Not so gameful: A critical review of gamification in mobile energy applications. *Energy Research & Social Science*, 51, 32–39.

Blohm, I., Zogaj, S., Bretschneider, U., y Leimeister, J. M. (2018). How to manage crowdsourcing platforms effectively? *California Management Review*, 60(2), 122–149.

Bond, M., Marín, V. I., Dolch, C., Bedenlier, S., y Zawacki-Richter, O. (2018). Digital transformation in German higher education: student and teacher perceptions and usage of digital media. *International Journal of Educational Technology in Higher Education, 15*(1), 48.

Boons, M., y Stam, D. (2019). Crowdsourcing for innovation: How related and unrelated perspectives interact to increase creative performance. *Research Policy, 48*(7), 1758–1770.

Brabham, D. C. (2008). Crowdsourcing as a model for problem solving: An introduction and cases. *Convergence, 14*(1), 75–90.

Brunswicker, S., Bilgram, V., y Fueller, J. (2017). Taming wicked civic challenges with an innovative crowd. *Business Horizons, 60*(2), 167–177.

Bu, Q., Simperl, E., Zerr, S., y Li, Y. (2018). Using microtasks to crowdsource DBpedia entity classification: A study in workflow design. *Semantic Web, 9*(3), 337–354.

Buckley, P., y Doyle, E. (2017). Individualising gamification: An investigation of the impact of learning styles and personality traits on the efficacy of gamification using a prediction market. *Computers & Education, 106*, 43–55.

Buckley, J., DeWille, T., Exton, C., Exton, G., y Murray, L. (2018). A gamification–motivation design framework for educational software developers. *Journal of Educational Technology Systems, 47*(1), 101–127.

Cabrall, C. D., Lu, Z., Kyriakidis, M., Manca, L., Dijksterhuis, C., Happee, R., y de Winter, J. (2018). Validity and reliability of naturalistic driving scene categorization Judgments from crowdsourcing. *Accident Analysis & Prevention, 114*, 25–33.

Campbell, M., Detres, M., y Lucio, R. (2019). Can a digital whiteboard foster student engagement? *Social Work Education, 38*(6), 735–752.

Cappa, F., Rosso, F., y Hayes, D. (2019). Monetary and Social Rewards for Crowdsourcing. *Sustainability, 11*(10), 2834, 1–14.

Cardador, M. T., Northcraft, G. B., y Whicker, J. (2017). A theory of work gamification: Something old, something new, something borrowed, something cool?. *Human Resource Management Review, 27*(2), 353–365.

Castro, R. (2019). Blended learning in higher education: Trends and capabilities. *Education and Information Technologies, 24*(4), 2523–2546.

Cechetti, N. P., Bellei, E. A., Biduski, D., Rodriguez, J. P. M., Roman, M. K., y De Marchi, A. C. B. (2019). Developing and implementing a gamification method to improve user engagement: A case study with an m-Health application for hypertension monitoring. *Telematics and Informatics, 41*, 126–138.

Chen, P. P., Sun, H. L., Fang, Y. L., y Huai, J. P. (2018). Collusion-proof result inference in crowdsourcing. *Journal of Computer Science and Technology, 33*(2), 351–365.

Cheong, C., Filippou, J., y Cheong, F. (2014). Towards the gamification of learning: Investigating student perceptions of game elements. *Journal of Information Systems Education, 25*(3), 233–244.

Crompton, H., y Burke, D. (2018). The use of mobile learning in higher education: A systematic review. *Computers & Education, 123*, 53–64.

Cui, L., Zhao, X., Liu, L., Yu, H., y Miao, Y. (2017). Complex crowdsourcing task allocation strategies employing supervised and reinforcement learning. *International Journal of Crowd Science, 1*(2), 146–160.

Da Cruz, J. V. (2018). Beyond financing: crowdfunding as an informational mechanism. *Journal of Business Venturing, 33*(3), 371–393.

Dalpiaz, F., Snijders, R., Brinkkemper, S., Hosseini, M., Shahri, A., y Ali, R. (2017). Engaging the crowd of stakeholders in requirements engineering via gamification. In *Gamification* (pp. 123–135). Springer, Cham.

Daniel, F., Kucherbaev, P., Cappiello, C., Benatallah, B., y Allahbakhsh, M. (2018). Quality control in crowdsourcing: A survey of quality attributes, assessment techniques, and assurance actions. *ACM Computing Surveys (CSUR), 51*(1), Article 7 (40 pages).

De Beer, J., McCarthy, I. P., Soliman, A., y Treen, E. (2017). Click here to agree: Managing intellectual property when crowdsourcing solutions. *Business Horizons, 60*(2), 207–217.

Deci, E., y Ryan, R. M. (1985). *Intrinsic motivation and self-determination in human behavior.* Nueva York: Springer Science & Business Media.

Deci, E. L., y Ryan, R. M. (2000). The "what" and "why" of goal pursuits: Human needs and the self-determination of behavior. *Psychological Inquiry, 11*(4), 227–268.

Deterding, S. (2015). The lens of intrinsic skill atoms: A method for gameful design. *Human–Computer Interaction, 30*(3–4), 294–335.

Deterding, S., Dixon, D., Khaled, R., y Nacke, L. (2011, September). From game design elements to gamefulness: defining gamification. In *Proceedings of the 15th International Academic MindTrek Conference: Envisioning Future Media Environments* (pp. 9–15). ACM.

Diefenbach, S., y Müssig, A. (2019). Counterproductive effects of gamification: An analysis on the example of the gamified task manager Habitica. *International Journal of Human-Computer Studies, 127,* 190–210.

Dissanayake, I., Zhang, J., Yasar, M., y Nerur, S. P. (2018). Strategic effort allocation in online innovation tournaments. *Information & Management, 55*(3), 396–406.

Eisingerich, A. B., Marchand, A., Fritze, M. P., y Dong, L. (2019). Hook vs. hope: How to enhance customer engagement through gamification. *International Journal of Research in Marketing, 36*(2), 200–215.

Estellés Arolas, E., y González Ladrón De Guevara, F. (2012). Towards an integrated crowdsourcing definition. *Journal of Information Science, 38*(2), 189–200.

Expósito, A., Sánchez-Rivas, J., Gómez-Calero, M. P., y Pablo-Romero, M. P. (2020). Examining the use of instructional video clips for teaching macroeconomics. *Computers & Education, 144,* 103709.

Faullant, R., y Dolfus, G. (2017). Everything community? Destructive processes in communities of crowdsourcing competitions. *Business Process Management Journal, 23*(6), 1108–1128.

Faullant, R., Fueller, J., y Hutter, K. (2017). Fair play: Perceived fairness in crowdsourcing competitions and the customer relationship-related consequences. *Management Decision, 55*(9), 1924–1941.

Featherstone, M., y Habgood, J. (2019). UniCraft: Exploring the impact of asynchronous multiplayer game elements in gamification. *International Journal of Human-Computer Studies, 127,* 150–168.

Feng, Y., Ye, H. J., Yu, Y., Yang, C., y Cui, T. (2018). Gamification artifacts and crowdsourcing participation: Examining the mediating role of intrinsic motivations. *Computers in Human Behavior, 81,* 124–136.

Fernández-Caramés, T. M., Froiz-Míguez, I., Blanco-Novoa, O., y Fraga-Lamas, P. (2019). Enabling the Internet of Mobile Crowdsourcing Health Things: A Mobile Fog Computing, Blockchain and IoT Based Continuous Glucose Monitoring System for Diabetes Mellitus Research and Care. *Sensors, 19*(15), 3319.

Filimowicz, M. A., y Tzankova, V. K. (2017). Creative making, large lectures, and social media: Breaking with tradition in art and design education. *Arts and Humanities in Higher Education, 16*(2), 156–172.

Fitz-Walter, Z., Johnson, D., Wyeth, P., Tjondronegoro, D., y Scott-Parker, B. (2017). Driven to drive? Investigating the effect of gamification on learner driver behavior, perceived motivation and user experience. *Computers in Human Behavior, 71,* 586–595.

Flostrand, A. (2017). Finding the future: Crowdsourcing versus the Delphi technique. *Business Horizons, 60*(2), 229–236.

Foege, J. N., Lauritzen, G. D., Tietze, F., y Salge, T. O. (2019). Reconceptualizing the paradox of openness: How solvers navigate sharing-protecting tensions in crowdsourcing. *Research Policy, 48*(6), 1323–1339.

Friedrich, J., Becker, M., Kramer, F., Wirth, M., y Schneider, M. (2020). Incentive design and gamification for knowledge management. *Journal of Business Research, 106,* 341–352.

Geiger, D., y Schader, M. (2014). Personalized task recommendation in crowdsourcing information systems—Current state of the art. *Decision Support Systems, 65,* 3–16.

Ghezzi, A., Gabelloni, D., Martini, A., y Natalicchio, A. (2018). Crowdsourcing: a review and suggestions for future research. *International Journal of Management Reviews, 20*(2), 343–363.

Goh, D. H. L., Pe-Than, E. P. P., y Lee, C. S. (2017). Perceptions of virtual reward systems in crowdsourcing games. *Computers in Human Behavior, 70,* 365–374.

Göritz, A. S., Borchert, K., y Hirth, M. (2019). Using Attention Testing to Select Crowdsourced Workers and Research Participants. *Social Science Computer Review*.

Groening, C., y Binnewies, C. (2019). "Achievement unlocked!"-The impact of digital achievements as a gamification element on motivation and performance. *Computers in Human Behavior, 97*, 151–166.

Hajarian, M., Bastanfard, A., Mohammadzadeh, J., y Khalilian, M. (2019). A personalized gamification method for increasing user engagement in social networks. *Social Network Analysis and Mining, 9*(1), 47.

Hämäläinen, R., De Wever, B., Nissinen, K., y Cincinnato, S. (2019). What makes the difference–PIAAC as a resource for understanding the problem-solving skills of Europe's higher-education adults. *Computers y Education, 129*, 27–36.

Hamari, J. (2017). Do badges increase user activity? A field experiment on the effects of gamification. *Computers in Human Behavior, 71*, 469–478.

Hamari, J., Hassan, L., y Dias, A. (2018). Gamification, quantified-self or social networking? Matching users' goals with motivational technology. *User Modeling and User-Adapted Interaction, 28*(1), 35–74.

Hamari, J., y Koivisto, J. (2015). "Working out for likes": An empirical study on social influence in exercise gamification. *Computers in Human Behavior, 50*, 333–347.

Hamari, J., Koivisto, J., y Sarsa, H. (2014, January). Does gamification work? A literature review of empirical studies on gamification. In *2014 47th Hawaii International Conference on System Sciences (HICSS)* (pp. 3025–3034). IEEE.

Hamari, J., y Tuunanen, J. (2014). Player Types: A Meta-synthesis. *Transactions of the Digital Games Research Association, 1*(2), 29–53.

Hanus, M. D., y Fox, J. (2015). Assessing the effects of gamification in the classroom: A longitudinal study on intrinsic motivation, social comparison, satisfaction, effort, and academic performance. *Computers & Education, 80*, 152–161.

Harrison, S., y Johnson, P. (2019). Challenges in the adoption of crisis crowdsourcing and social media in Canadian emergency management. *Government Information Quarterly, 36*(3), 501–509.

Hassan, N. H., y Rahim, F. A. (2017). The rise of crowdsourcing using social media platforms: Security and privacy issues. *Pertanika Journal of Science & Technology, 25,* 79–88.

Higdon, R. D. (2018). From employability to 'complexability' Creatour–a construct for preparing students for creative work and life. *Industry and Higher Education, 32*(1), 33–46.

Hoornaert, S., Ballings, M., Malthouse, E. C., y Van den Poel, D. (2017). Identifying new product ideas: waiting for the wisdom of the crowd or screening ideas in real time. *Journal of Product Innovation Management, 34*(5), 580–597.

Hosseini, M., Shahri, A., Phalp, K., Taylor, J., y Ali, R. (2015). Crowdsourcing: A taxonomy and systematic mapping study. *Computer Science Review, 17,* 43–69.

Hosseini, M., Angelopoulos, C. M., Chai, W. K., y Kundig, S. (2019). Crowdcloud: a crowdsourced system for cloud infrastructure. *Cluster Computing, 22*(2), 455–470.

Howcroft, D., y Bergvall-Kåreborn, B. (2019). A typology of crowdwork platforms. *Work, Employment and Society, 33*(1), 21–38.

Howe, J. (2006). The rise of crowdsourcing. *Wired magazine.* Obtenido el 6 de junio de 2019 de https://www.wired.com/2006/06/crowds

Huang, B., y Hew, K. F. (2018). Implementing a theory-driven gamification model in higher education flipped courses: Effects on out-of-class activity completion and quality of artifacts. *Computers & Education, 125,* 254–272.

Ikediego, H. O., Ilkan, M., Abubakar, A. M., y Victor Bekun, F. (2018). Crowd-sourcing (who, why and what). *International Journal of Crowd Science, 2*(1), 27–41.

Jagušt, T., Botički, I., y So, H. J. (2018). Examining competitive, collaborative and adaptive gamification in young learners' math learning. *Computers & Education, 125,* 444–457.

JE SUIS ECONPLUS (n. d). Home [Canal de YouTube]. Obtenido el 6 de junio de 2019 de https://www.youtube.com/c/JESUISECONPLUS_OFFICIAL

Jespersen, K. R. (2018). Crowdsourcing design decisions for optimal integration into the company innovation system. *Decision Support Systems, 115*, 52–63.

Jiang, J., An, B., Jiang, Y., Lin, D., Bu, Z., Cao, J., y Hao, Z. (2018). Understanding crowdsourcing systems from a multiagent perspective and approach. *ACM Transactions on Autonomous and Adaptive Systems (TAAS), 13*(2), Article 8.

Jules, T., y Sundberg, K. C. (2018). The internationalization of creativity as a learning competence. *Global Education Review, 5*(1), 35–51.

Kapp, K. M. (2012). *The gamification of learning and instruction.* San Francisco: Wiley.

Kasurinen, J., y Knutas, A. (2018). Publication trends in gamification: A systematic mapping study. *Computer Science Review, 27*, 33–44.

Kavaliova, M., Virjee, F., Maehle, N., y Kleppe, I. A. (2016). Crowdsourcing innovation and product development: Gamification as a motivational driver. *Cogent Business & Management, 3*(1), 1128132.

Keinänen, M. M., y Kairisto-Mertanen, L. (2019). Researching learning environments and students' innovation competences. *Education+ Training, 61*(1), 17–30.

Kietzmann, J. H. (2017). Crowdsourcing: A revised definition and introduction to new research. *Business Horizons, 60*(2), 151–153.

Kim, S., Song, K., Lockee, B., y Burton, J. (2018). Legal and Ethical Issues. In *Gamification in Learning and Education* (pp. 109–116). Springer, Cham.

Kocadere, S. A., y Çağlar, Ş. (2018). Gamification from player type perspective: A case study. *Journal of Educational Technology y Society, 21*(3), 12–22.

Kohler, T., y Chesbrough, H. (2019). From collaborative community to competitive market: the quest to build a crowdsourcing platform for social innovation. *R&D Management, 49*(3), 356–368.

Kohler, T., y Nickel, M. (2017). Crowdsourcing business models that last. *Journal of Business Strategy, 38*(2), 25–32.

Koivisto, J., y Hamari, J. (2019). The rise of motivational information systems: A review of gamification research. *International Journal of Information Management, 45*, 191–210.

Komninos, A. (2019). Pro-social behaviour in crowdsourcing systems: Experiences from a field deployment for beach monitoring. *International Journal of Human-Computer Studies*, *124*, 93–115.

Kyaw, B. M., Saxena, N., Posadzki, P., Vseteckova, J., Nikolaou, C. K., George, P. P., ... y Car, L. T. (2019). Virtual reality for health professions education: Systematic review and meta-analysis by the Digital Health Education collaboration. *Journal of Medical Internet Research*, *21*(1), e12959.

Kyewski, E., y Krämer, N. C. (2018). To gamify or not to gamify? An experimental field study of the influence of badges on motivation, activity, and performance in an online learning course. *Computers & Education, 118*, 25–37.

Landers, R. N., Bauer, K. N., y Callan, R. C. (2017). Gamification of task performance with leaderboards: A goal setting experiment. *Computers in Human Behavior*, *71*, 508–515.

Leclercq, T., Poncin, I., y Hammedi, W. (2020). Opening the black box of gameful experience: Implications for gamification process design. *Journal of Retailing and Consumer Services*, *52*, 101882.

Liang, H., Wang, M. M., Wang, J. J., y Xue, Y. (2018). How intrinsic motivation and extrinsic incentives affect task effort in crowdsourcing contests: a mediated moderation model. *Computers in Human Behavior*, *81*, 168–176.

Liao, P., Wan, Y., Tang, P., Wu, C., Hu, Y., y Zhang, S. (2019). Applying crowdsourcing techniques in urban planning: A bibliometric analysis of research and practice prospects. *Cities*, *94*, 33–43.

Lisek, K. (2018). Using Crowdsourcing for Research Projects. *Marketing of Scientific and Research Organizations*, *29*(3), 35–62.

Lister, M. (2015). Gamification: The effect on student motivation and performance at the post-secondary level. *Issues and Trends in Educational Technology*, *3*(2).

Liu, H. K. (2017). Crowdsourcing government: Lessons from multiple disciplines. *Public Administration Review*, *77*(5), 656–667.

Liu, F., Ma, J., y Li, R. (2019). Which role model is more effective? Storytelling and entrepreneurial intention in entrepreneurship education. *Frontiers in Psychology*, *10*, 837.

Liu, D., Santhanam, R., y Webster, J. (2017). Toward Meaningful Engagement: A Framework for Design and Research of Gamified Information Systems. *MIS Quarterly, 41*(4), 1011–1034.

Lopez, C. E., y Tucker, C. S. (2019). The effects of player type on performance: A gamification case study. *Computers in Human Behavior, 91*, 333–345.

Malhotra, A., Majchrzak, A., Kesebi, L., y Looram, S. (2017). Developing innovative solutions through internal crowdsourcing. *MIT Sloan Management Review, 58*(4), 73–79.

Mansor, M. F., Halim, H. A., y Ahmad, N. H. (2018). Leveraging crowdsourcing practices in small and medium enterprises (smes). *Journal of Entrepreneurship Education, 21*(4), 1–11.

Marczewski, A. (2015). User Types. In *Even Ninja Monkeys Like to Play: Gamification, Game Thinking and Motivational Design* (1st ed., pp. 65–80). CreateSpace Independent Publishing Platform.

Mavroeidi, A. G., Kitsiou, A., Kalloniatis, C., y Gritzalis, S. (2019). Gamification vs. Privacy: Identifying and Analysing the Major Concerns. *Future Internet, 11*(3), Article 67.

McFarlane, A. E. (2019). Devices and desires: Competing visions of a good education in the digital age. *British Journal of Educational Technology, 50*(3), 1125–1136.

Mekler, E. D., Brühlmann, F., Tuch, A. N., y Opwis, K. (2017). Towards understanding the effects of individual gamification elements on intrinsic motivation and performance. *Computers in Human Behavior, 71*, 525–534.

Mitchell, R., Schuster, L., y Jin, H. S. (2020). Gamification and the impact of extrinsic motivation on needs satisfaction: Making work fun? *Journal of Business Research, 106*, 323–330.

Modaresnezhad, M., Iyer, L., Palvia, P., y Taras, V. (2020). Information Technology (IT) enabled crowdsourcing: A conceptual framework. *Information Processing & Management, 57*(2), 102135.

Mora, A., Riera, D., González, C., y Arnedo-Moreno, J. (2017). Gamification: a systematic review of design frameworks. *Journal of Computing in Higher Education, 29*(3), 516–548.

Mora, H., Signes-Pont, M. T., Fuster-Guilló, A., y Pertegal-Felices, M. L. (2020). A collaborative working model for enhancing the learning process of science & engineering students. *Computers in Human Behavior*, *103*, 140–150.

Morschheuser, B., Hamari, J., Koivisto, J., y Maedche, A. (2017a). Gamified crowdsourcing: Conceptualization, literature review, and future agenda. *International Journal of Human-Computer Studies*, *106*, 26–43.

Morschheuser, B., Riar, M., Hamari, J., y Maedche, A. (2017b). How games induce cooperation? A study on the relationship between game features and we-intentions in an augmented reality game. *Computers in Human Behavior*, *77*, 169–183.

Morschheuser, B., Hassan, L., Werder, K., y Hamari, J. (2017c). How to design gamification? A method for engineering gamified software. *Information and Software Technology*, *95*, 219–237.

Morschheuser, B., y Hamari, J. (2019). The gamification of work: Lessons from crowdsourcing. *Journal of Management Inquiry*, *28*(2), 145–148.

Morschheuser, B., Hamari, J., y Maedche, A. (2019). Cooperation or competition–when do people contribute more? A field experiment on gamification of crowdsourcing. *International Journal of Human-Computer Studies*, *127*, 7–24.

Mullins, J. K., y Sabherwal, R. (2020). Gamification: A cognitive-emotional view. *Journal of Business Research*, *106*, 304–314.

Munday, P. (2017). Duolingo. Gamified learning through translation. *Journal of Spanish Language Teaching*, *4*(2), 194–198.

Nacke, L. E., y Deterding, S. (2017). The maturing of gamification research. *Computers in Human Behavior*, *71*, 450–454.

Nah, F. F. H., Eschenbrenner, B., Claybaugh, C. C., y Koob, P. B. (2019). Gamification of Enterprise Systems. *Systems*, *7*(1), Article 13.

Nebel, S., Beege, M., Schneider, S., y Rey, G. D. (2016). The higher the score, the higher the learning outcome? Heterogeneous impacts of leaderboards and choice within educational videogames. *Computers in Human Behavior*, *65*, 391–401.

Neto, F. R. A., y Santos, C. A. (2018). Understanding crowdsourcing projects: A systematic review of tendencies, workflow, and quality management. *Information Processing & Management*, *54*(4), 490–506.

Nicholson, S. (2015). A recipe for meaningful gamification. In *Gamification in Education and Business* (pp. 1–20). Nueva York: Springer, Cham.

Niu, X. J., Qin, S. F., Vines, J., Wong, R., y Lu, H. (2019). Key crowdsourcing technologies for product design and development. *International Journal of Automation and Computing, 16*(1), 1–15.

O'Leary, D. E. (2019). An empirical analysis of information search and information sharing in crowdsourcing data analytic contests. *Decision Support Systems, 120,* 1–13.

Oberländer, M., Beinicke, A., y Bipp, T. (2020). Digital competencies: A review of the literature and applications in the workplace. *Computers & Education, 146,* 103752.

Oppong-Tawiah, D., Webster, J., Staples, S., Cameron, A. F., de Guinea, A. O., y Hung, T. Y. (2020). Developing a gamified mobile application to encourage sustainable energy use in the office. *Journal of Business Research, 106,* 388–405.

Pacauskas, D., Rajala, R., Westerlund, M., y Mäntymäki, M. (2018). Harnessing user innovation for social media marketing: Case study of a crowdsourced hamburger. *International Journal of Information Management, 43,* 319–327.

Pee, L. G., Koh, E., y Goh, M. (2018). Trait motivations of crowdsourcing and task choice: A distal-proximal perspective. *International Journal of Information Management, 40,* 28–41.

Penoyer, S., Reynolds, B., Marshall, B., y Cardon, P. W. (2018). Impact of users'motivation on gamified crowdsourcing systems: a case of StackOverflow. *Issues in Information Systems, 19*(2), 33–40.

Pi, Z., Hong, J., y Hu, W. (2018). Interaction of the originality of peers' ideas and students' openness to experience in predicting creativity in online collaborative groups. *British Journal of Educational Technology, 50*(4),

Piezunka, H., y Dahlander, L. (2019). Idea rejected, tie formed: organizations' feedback on crowdsourced ideas. *Academy of Management Journal, 62*(2), 503–530.

Poblet, M., García-Cuesta, E., y Casanovas, P. (2018). Crowdsourcing roles, methods and tools for data-intensive disaster management. *Information Systems Frontiers*, *20*(6), 1363–1379.

Pollok, P., Lüttgens, D., y Piller, F. T. (2019). Attracting solutions in crowdsourcing contests: The role of knowledge distance, identity disclosure, and seeker status. *Research Policy*, *48*(1), 98–114.

Prandi, C., Roccetti, M., Salomoni, P., Nisi, V., y Nunes, N. J. (2017). Fighting exclusion: a multimedia mobile app with zombies and maps as a medium for civic engagement and design. *Multimedia Tools and Applications*, *76*(4), 4951–4979.

Prestopnik, N. R., y Tang, J. (2015). Points, stories, worlds, and diegesis: Comparing player experiences in two citizen science games. *Computers in Human Behavior*, *52*, 492–506.

Prpić, J., Shukla, P. P., Kietzmann, J. H., y McCarthy, I. P. (2015). How to work a crowd: Developing crowd capital through crowdsourcing. *Business Horizons*, *58*(1), 77–85.

Przybylski, A. K., Rigby, C. S., y Ryan, R. M. (2010). A motivational model of video game engagement. *Review of General Psychology*, *14*(2), 154–166.

Raj, R., Walters, P., y Rashid, T. (2017). *Events management: principles and practice*. Third Edition. Sage.

Rapp, A. (2017). Drawing inspiration from World of Warcraft: Gamification design elements for behavior change technologies. *Interacting with Computers*, *29*(5), 648–678.

Rapp, A., Hopfgartner, F., Hamari, J., Linehan, C., y Cena, F. (2019). Strengthening gamification studies: Current trends and future opportunities of gamification research. *International Journal of Human-Computer Studies, 127*, 1–6.

Ren, J., Ozturk, P., y Yeoh, W. (2019). Online Crowdsourcing Campaigns: Bottom-Up versus Top-Down Process Model. *Journal of Computer Information Systems*, *59*(3), 266–276.

Renard, D., y Davis, J. G. (2019). Social interdependence on crowdsourcing platforms. *Journal of Business Research*, *103*, 186–194.

Ribeiro, L. A., da Silva, T. L., y Mussi, A. Q. (2018). Gamification: a methodology to motivate engagement and participation in a higher education environment. *International Journal of Education and Research*, 6(4), 249–264.

Robson, K., Plangger, K., Kietzmann, J. H., McCarthy, I., y Pitt, L. (2015). Is it all a game? Understanding the principles of gamification. *Business Horizons*, 58(4), 411–420.

Robson, K., Plangger, K., Kietzmann, J. H., McCarthy, I., y Pitt, L. (2016). Game on: Engaging customers and employees through gamification. *Business Horizons*, 59(1), 29–36.

Rojas-López, A., Rincón-Flores, E. G., Mena, J., García-Peñalvo, F. J., y Ramírez-Montoya, M. S. (2019). Engagement in the course of programming in higher education through the use of gamification. *Universal Access in the Information Society*, 18(3), 583–597.

Roth, S., Schneckenberg, D., y Tsai, C. W. (2015). The ludic drive as innovation driver: Introduction to the gamification of innovation. *Creativity and Innovation Management*, 24(2), 300–306.

Rounds, T., Bongard, J., Hines, P., y Harvey, J. (2019). A crowdsourcing approach to understand weight and weight loss in men. *Preventive Medicine Reports*, 13, 224–228

Rowledge, L. R. (2019). *Crowdrising: Building a Sustainable World Through Mass Collaboration*. London: Routledge.

Sailer, M., Hense, J. U., Mayr, S. K., y Mandl, H. (2017). How gamification motivates: An experimental study of the effects of specific game design elements on psychological need satisfaction. *Computers in Human Behavior*, 69, 371–380.

Sari, A., Tosun, A., y Alprekin, G. I. (2019). A systematic literature review on crowdsourcing in software engineering. *Journal of Systems and Software*, 153, 200–219.

Schlagwein, D., Cecez-Kecmanovic, D., y Hanckel, B. (2019). Ethical norms and issues in crowdsourcing practices: A Habermasian analysis. *Information Systems Journal*, 29(4), 811–837.

Schenk, E., Guittard, C., y Pénin, J. (2019). Open or proprietary? Choosing the right crowdsourcing platform for innovation. *Technological Forecasting and Social Change*, 144, 303–310.

Seaborn, K., y Fels, D. I. (2015). Gamification in theory and action: A survey. *International Journal of Human-Computer Studies*, 74, 14–31.

Segev, E. (2020). Crowdsourcing contests. *European Journal of Operational Research, 281*(2), 241–255.

Shahri, A., Hosseini, M., Phalp, K., Taylor, J., y Ali, R. (2019). How to engineer Gamification: the consensus, the best practice and the grey areas. *Journal of Organizational and End User Computing (JOEUC), 31*(1), 39–60.

Sharif, R. (2019). The Relations between Acculturation and Creativity and Innovation in Higher Education: A Systematic Literature Review. *Educational Research Review, 28*, 100287.

Sheehan, K. B., y Pittman, M. (2019). Straight from the source? Media framing of creative crowd labor and resultant ethical concerns. *Journal of Business Ethics, 154*(2), 575–585.

Shen, C. W., y Ho, J. T. (2020). Technology-enhanced learning in higher education: A bibliometric analysis with latent semantic approach. *Computers in Human Behavior, 104*, 106177.

Song, D., Ju, P., y Xu, H. (2017). Engaged Cohorts: Can Gamification Engage All College Students in Class? *Eurasia Journal of Mathematics, Science and Technology Education, 13*(7), 3723–3734.

Souabni, R., Saâdi, I. B., y Ghezala, H. B. (2019). A multidimensional framework to study situation awareness in u-learning systems. *Telematics and Informatics, 43*, 101246.

Sousa, M. J., Carmo, M., Gonçalves, A. C., Cruz, R., y Martins, J. M. (2019). Creating knowledge and entrepreneurial capacity for HE students with digital education methodologies: Differences in the perceptions of students and entrepreneurs. *Journal of Business Research, 94*, 227–240.

Standing, S., y Standing, C. (2018). The ethical use of crowdsourcing. *Business Ethics: A European Review, 27*(1), 72–80.

Steils, N., y Hanine, S. (2019). Recruiting valuable participants in online IDEA generation: The role of brief instructions. *Journal of Business Research, 96*, 14–25.

Stolaki, A., y Economides, A. A. (2018). The Creativity Challenge Game: An educational intervention for creativity enhancement with the integration of Information and Communication Technologies (ICTs). *Computers y Education, 123*, 195–211.

Tackett, S., Raymond, M., Desai, R., Haist, S. A., Morales, A., Gaglani, S., y Clyman, S. G. (2018). Crowdsourcing for assessment items to support adaptive learning. *Medical Teacher*, 40(8), 838–841.

Talasila, M., Curtmola, R., y Borcea, C. (2016). Crowdsensing in the Wild with Aliens and Micropayments. *IEEE Pervasive Computing*, (1), 68–77.

Tang, J., y Zhang, P. (2019). Exploring the relationships between gamification and motivational needs in technology design. *International Journal of Crowd Science*, 3(1), 87–103.

Thorpe, A. S., y Roper, S. (2019). The ethics of gamification in a marketing context. *Journal of business ethics*, 155(2), 597–609.

Thuan, N. H., Antunes, P., y Johnstone, D. (2016). Factors influencing the decision to crowdsource: A systematic literature review. *Information Systems Frontiers*, 18(1), 47–68.

Thuan, N. H., Antunes, P., y Johnstone, D. (2017). A process model for establishing business process crowdsourcing. *Australasian Journal of Information Systems*, 21, 1–21.

Tinati, R., Luczak-Roesch, M., Simperl, E., y Hall, W. (2017). An investigation of player motivations in Eyewire, a gamified citizen science project. *Computers in Human Behavior*, 73, 527–540.

Toledo, L. A., y Leon, F. H. A. D. (2019). Crowdsourcing as production model that uses collective intelligence, the collaborative culture and the formation of communities. *Innovation & Management Review*, 16(4), 344–356.

Tulinayo, F. P., Ssentume, P., y Najjuma, R. (2018). Digital technologies in resource constrained higher institutions of learning: a study on students' acceptance and usability. *International Journal of Educational Technology in Higher Education*, 15, 36.

van Dooren, M. M., Siriaraya, P., Visch, V., Spijkerman, R., y Bijkerk, L. (2019). Reflections on the design, implementation, and adoption of a gamified eHealth application in youth mental healthcare. *Entertainment Computing*, 31, 100305.

van Roy, R., y Zaman, B. (2017). Why gamification fails in education and how to make it successful: introducing nine gamification heuristics based on self-determination theory. In *Serious Games and edutainment applications* (pp. 485–509). Springer, Cham.

Vanolo, A. (2018). Cities and the politics of gamification. *Cities, 74*, 320–326.

Vial, G. (2019). Understanding digital transformation: A review and a research agenda. *The Journal of Strategic Information Systems, 28*(2), 118–144.

Warmelink, H., Koivisto, J., Mayer, I., Vesa, M., y Hamari, J. (2020). Gamification of production and logistics operations: Status quo and future directions. *Journal of Business Research, 106*, 331–340.

Wazny, K. (2018). Applications of crowdsourcing in health: an overview. *Journal of Global Health, 8*(1).

Wee, S. C., y Choong, W. W. (2019). Gamification: Predicting the effectiveness of variety game design elements to intrinsically motivate users' energy conservation behaviour. *Journal of Environmental Management, 233*, 97–106.

Werbach, K., y Hunter, D. (2012). *For the win: How game thinking can revolutionize your business*. Philadelphia: Wharton Digital Press.

Werbach, K., y Hunter, D. (2015). *The gamification toolkit: Dynamics, mechanics, and components for the win*. Philadelphia: Wharton Digital Press.

Wilson, M. (2018). Where is the power in numbers? Understanding firm and consumer power when crowdsourcing. *Business Horizons, 61*(4), 545–554.

Wilson, M., Robson, K., y Botha, E. (2017). Crowdsourcing in a time of empowered stakeholders: Lessons from crowdsourcing campaigns. *Business Horizons, 60*(2), 247–253.

Wirtz, B. W., y Daiser, P. (2018). Business Model Development: A Customer-Oriented Perspective. *Journal of Business Models, 6*(3), 24–44.

Wu, P., Ngai, E. W., y Wu, Y. (2018). Toward a real-time and budget-aware task package allocation in spatial crowdsourcing. *Decision support systems, 110*, 107–117.

Xi, N., y Hamari, J. (2019). Does gamification satisfy needs? A study on the relationship between gamification features and intrinsic need satisfaction. *International Journal of Information Management, 46*, 210–221.

Xu, F., Buhalis, D., y Weber, J. (2017). Serious games and the gamification of tourism. *Tourism Management*, *60*, 244–256.

Ye, H. J., y Kankanhalli, A. (2017). Solvers' participation in crowdsourcing platforms: Examining the impacts of trust, and benefit and cost factors. *The Journal of Strategic Information Systems*, *26*(2), 101–117.

Yee, N. (2006). Motivations for play in online games. *CyberPsychology & Behavior*, *9*(6), 772–775.

Yen, B. T., Mulley, C., y Burke, M. (2019). Gamification in transport interventions: Another way to improve travel behavioural change. *Cities*, *85*, 140–149.

Yildirim, I. (2017). The effects of gamification-based teaching practices on student achievement and students' attitudes toward lessons. *The Internet and Higher Education*, *33*, 86–92.

Yu, H., Miao, C., Chen, Y., Fauvel, S., Li, X., y Lesser, V. R. (2017). Algorithmic management for improving collective productivity in crowdsourcing. *Scientific Reports*, *7*(1), 12541.

Yuksel, M., Darmody, A., y Venkatraman, M. (2019). When consumers own their work: Psychological ownership and consumer citizenship on crowdsourcing platforms. *Journal of Consumer Behaviour*, *18*(1), 3–11.

Zahirović Suhonjić, A., Despotović-Zrakić, M., Labus, A., Bogdanović, Z., y Barać, D. (2019). Fostering students' participation in creating educational content through crowdsourcing. *Interactive Learning Environments*, *27*(1), 72–85.

Zeng, Z., Tang, J., y Wang, T. (2017). Motivation mechanism of gamification in crowdsourcing projects. *International Journal of Crowd Science*, *1*(1), 71–82.

Zhao, Y, y Zhu, Q. (2014). Evaluation on crowdsourcing research: Current status and future direction. *Information Systems Frontiers*, *16*(3), 417–434.

Zhao, Y., y Zhu, Q. (2016). Conceptualizing task affordance in online crowdsourcing context. *Online Information Review*, *40*(7), 938–958.

Zhou, Q., Sun H., Zhou, R., Sun, G., Shen, J., y Li, K. (2018). A collaborative and open solution for large-scale online learning. *Computer Applications in Engineering Education*, *26*(6), 2266–2281.

Reseña de los autores

**CARMEN
BUENO
MUÑOZ**

carbuemu@gmail.com

Carmen Bueno Muñoz es Máster en Dirección de Marketing por la Universidad de Extremadura, Graduada en Administración y Dirección de Empresas y Graduada en Economía por la Universidad de Extremadura. Entre sus campos de interés se encuentran la transformación digital de la economía y las nuevas tendencias de marketing.

LUIS REGINO
MURILLO
ZAMORANO

lmurillo@unex.es

Luis R. Murillo Zamorano es Director del Grupo de Investigación en Análisis Económico y Dirección de Marketing (AEDIMARK RyD Group) de la Universidad de Extremadura y Profesor Titular de Universidad en el Departamento de Economía de la Universidad de Extremadura. Doctor en Economía por la Universidad de York (Reino Unido), Máster en Economía por la Universidad de York (Reino Unido) y Doctor Europeo por la Universidad de Extremadura (España), su campo de investigación se focaliza principalmente en el Comportamiento Humano en Sistemas Económicos y Empresariales, el Análisis Económico y la medición de la Eficiencia y la Productividad. Miembro del Programa de Doctorado en Economía y Empresa de la Escuela Internacional de Postgrado de la Universidad de Extremadura, dirige y es tutor de postgraduados en las líneas de investigación en Análisis Económico, Innovación Educativa en Educación Superior y Aprendizaje Organizativo y Recursos y Capacidades de Marketing. Cuenta con tres tramos de investigación reconocidos por la Comisión Nacional Evaluadora de la Actividad Investigadora (CNEAI), cinco tramos de méritos de docencia, y un Accésit a la Excelencia Docente en reconocimiento a su labor docente en la Universidad de Extremadura.

Ha sido miembro de la Comisión de Expertos para asesorar al Consejo de Gobierno y al Presidente de la Comunidad Autónoma de Extremadura en asuntos concernientes a la Financiación Autonómica y ha participado en la reforma y redacción del nuevo Estatuto de Autonomía de Extremadura dentro de la Comisión de Expertos creada al efecto por la Asamblea de Extremadura. También ha realizado tareas de asesoramiento técnico para instituciones financieras regionales y diversas Consejerías del Gobierno de Extremadura.

Beneficiario del Programa de becas Sócrates-Erasmus de la Unión Europea, del Programa "José Castillejo" del Ministerio de Ciencia e Innovación del Gobierno de España y de los Programas de Formación Predoctoral y Postdoctoral de la Junta de Extremadura, ha ejercido como Profesor de Análisis Económico en el Department of Economics and Related Studies de la Universidad de York (Reino Unido) y como Profesor Visitante en la Universidad de Oviedo (España), en la Universidad de York (Reino Unido) y en la Universidad "Federico II" de Nápoles (Italia).

Luis R. Murillo Zamorano tiene un amplio registro de Contratos de Investigación y Proyectos de I+D+i en el Análisis Económico de sectores estratégicos de la Economía, financiados por diversos organismos públicos y privados tales como el Ministerio de Ciencia e Innovación del Gobierno de España, la Consejería de Sanidad y Dependencia o la Consejería de Hacienda y Presupuesto, de la Junta de Extremadura, entre otros. Los resultados de sus investigaciones han sido publicados en revistas de alto impacto internacional tales como: Computers y Education, International Journal of Production Economics, Journal of Economic Surveys, European Journal of Health Economics, The Energy Journal, Assessment y Evaluation in Higher Education y Thinking Skills and Creativity, entre otras.

JOSÉ ÁNGEL
LÓPEZ
SÁNCHEZ

jangel@unex.es

José Ángel López Sánchez es Doctor por la Universidad de Oviedo, Investigador del Grupo de Investigación en Análisis Económico y Dirección de Marketing (AEDIMARK RyD Group) de la Universidad de Extremadura y Profesor Contratado Doctor en el Área de Comercialización e Investigación de Mercados de la Universidad de Extremadura. También está acreditado a la figura de Profesor Titular de Universidad por la Agencia Nacional de Evaluación de la Calidad y Acreditación (ANECA), tiene un tramo de investigación reconocido por la Comisión Nacional Evaluadora de la Actividad Investigadora (CNEAI), dos tramos de experiencia docente reconocida en el marco de los Complementos Retributivos Adicionales para el Personal Docente e Investigador de la Universidad de Extremadura, y un Accésit a la Excelencia Docente en reconocimiento a su labor docente en la Universidad de Extremadura. Miembro del Programa de Doctorado en Economía y Empresa de la Escuela Internacional de Postgrado de la Universidad de Extremadura, dirige y es tutor de postgraduados en las líneas de investigación en Análisis Económico, Innovación Educativa en Educación Superior y Aprendizaje Organizativo y Recursos y Capacidades de Marketing.

Su principal línea de investigación versa sobre la innovación y la co-creación tanto con empleados como con clientes, habiendo participado como miembro activo en Proyectos de I+D+i financiados por el Plan Nacional del Gobierno de España desde 2008 hasta la fecha. Los resultados de sus investigaciones han aparecido en revistas de impacto tales como: Journal of the Academy of Marketing Science, Journal of Business Research, Industrial Marketing Management, \European Journal of Marketing, Journal of Business y Industrial Marketing, Cuadernos de Economía y Dirección de Empresas, Revista Española de Investigación de Marketing ESIC, Información Comercial Española. Revista de Economía, e Investigaciones Europeas de Dirección y Economía de la Empresa, entre otras. La labor investigadora se ha visto reconocida por el Premio al Mejor Artículo Internacional de Investigación en Marketing (2013), otorgado por la Asociación Española de Marketing Académico y Profesional (AEMARK), y varios premios a la mejor ponencia en diferentes congresos tanto nacionales como internacionales.

Ha sido Profesor Visitante en la Aston Business School (Reino Unido), a través de la Aston Academy for Research into Management (AARM), y ha recibido becas del Programa José Castillejo (Ministerio de Ciencia e Innovación del Gobierno de España), Programa Leonardo da Vinci (Unión Europea), Programa de Cooperación Interuniversitaria América Latina-España (Ministerio de Asuntos Exteriores y Cooperación del Gobierno de España), Programa Pre-Doctoral (Junta de Extremadura), y Programa Sócrates-Erasmus (Unión Europea). Por último, actúa como revisor tanto en los trabajos presentados a congresos internacionales (European Marketing Academy, y American Marketing Association) como en revistas de la disciplina (Journal of Business Research, y European Journal of Marketing).

www.ingramcontent.com/pod-product-compliance
Lightning Source LLC
Chambersburg PA
CBHW030727150426
42813CB00051B/268